はじめに

の総人口は、2008年をピークに減少に転じ、今後100年間で100
台時代後半）の水準に戻っていくとされています。この変化は、
でみても類を見ない、きわめて急激な減少であり、それに伴い
ける働き手も大きく不足していきます。その意味では、これま
たり前」だった価値観は通用しなくなり、パラダイムシフトを
されることになります。

ナ、中小・零細企業における人手不足は深刻化しており、わが
・社会インフラにも持続可能性が失われることが危惧され、「人
が企業の存亡を左右する重要なキーワードとなっています。
決策の一つとして「外国人雇用」が注目されています。

3月28日に働き方改革実現会議によってリリースされた「働き
行計画」においても、「外国人材の受入れ」が9つの検討テー
ワ一つとして取り上げられています。

まると、グローバル競争においては、高度IT人材のように、
術、知識等をもった外国人材のより積極的な受入れを図り、
ションの創出等を通じてわが国経済全体の生産性を向上させる
要」とし、他方で、「専門的・技術的分野とは評価されない分
人材の受入れについては、ニーズの把握や経済的効果の検証だ
　日本人の雇用への影響、産業構造への影響、教育、社会保障
的コスト、治安など幅広い観点から、国民的コンセンサスを踏
決討すべき問題」であるとしています。
経済・社会基盤の持続可能性を確保していくため、真に必要
着目しつつ、外国人材受入れのあり方について、総合的かつ具
才を進める。このため、移民政策と誤解されないようなしくみ
ぬコンセンサス形成のあり方などを含めた必要な事項の調査・
才横断的に進めていく」とし、政府の取組みとして、外国人雇
的に推進していくことが示唆されています。

雇用については、出入国管理及び難民認定法で定められている

外国人を

これだけは知っ

実務と労務

特定社会保険労務士　　行政書士
佐藤広一＋松村麻

アニモ

わが国
年前（明
千年単位
企業にお
での「当
余儀なく
　とりわ
国の経済
材確保」
　その解

　2017年
方改革実
マのうち
　これに
「高度な
イノベー
ことが重
野の外国
けでなく
等の社会
まえつつ
　また、
な分野に
体的な検
や国民的
検討を政
用を積極

　外国人

在留資格の範囲内において、わが国における就労活動が認められています。

　ところが、企業が外国人の雇用の必要性を感じ、採用に舵を切ろうとしても、在留資格の取扱いやビザの審査がどのように進められるのか、雇い入れた後の労務管理として何に留意しなければならないのか、といった知識やノウハウが十分ではなく、二の足を踏んでしまったり、キチンと理解しないまま雇入れを開始してしまうなどの例が頻出しています。

　また、2018年12月8日には、出入国管理及び難民認定法が改正され、在留資格として新たに「特定技能1号」「特定技能2号」が創設されるなど、わが国の雇用情勢に応じて繰り返される法改正についても、企業の法務部、人事部が情報をキャッチアップし切れていないことが外国人雇用のハードルを押し上げているといえるでしょう。

　本書は、こうした外国人雇用に対するメンタルブロックを取り除くことを目的に、その本質をわかりやすく解説したものです。

　本書の構成は次のとおりです。

　1章では、入国管理局の手続きや在留資格、そしてビザの取得方法など、外国人を雇用する場合に必要となる基礎的な知識を俯瞰しています。

　2章では、就業が認められる「技術・人文知識・国際業務」「企業内転勤」「技能」「高度専門職」「特定技能」など、外国人の雇用に必要な在留資格の実務について触れています。

　3章では、外国人労働者の募集、採用、雇用契約の締結など、採用フローの各フェーズにおいて注意すべき事項のほか、インバウンド対応の横断的業務やインターンシップの受入れなどにも言及しています。

　4章では、「外国人労働者の雇用管理の改善等に関して事業主が適切に対処するための指針」をベースに、労働条件通知書、就業規則の取扱い、賃金の決定方法、人事評価、社会保険事務など外国人労働者の労務管理上の論点を詳しくみていきます。また、外国人労働者を雇用するにあたって法律上必要とされる「外国人雇用状況の届出」の手続き方法にも触れています。

　5章では、外国人労働者の退職、解雇、退職勧奨、雇止めに関する留意点と、労働者派遣、業務委託といった異なる就労形態についても解説

しています。

　6章では、外国人雇用における企業と当該外国人労働者の責任についてまとめています。とりわけ資格外活動違反や不法就労の取扱いは、意図せずとも知識が不足していることで起こり得ることもあり、押さえておくべき重要な論点であるといえます。

　少子高齢化が進み、慢性的な労働力不足が顕在化していくわが国の雇用情勢を鑑みると、好むと好まざるとに関わらず、労働力の確保手段の一つとして外国人雇用を検討せざるを得ない段階にあるといえます。言葉や文化の違いによって、職場においてハレーションが起こることは想定されますが、サスティナブルな企業経営を実現するためには、多様な価値観を受け入れ、「同じ職場で働く仲間」として協働していくことが、本当の意味でのグローバル化であり、ダイバーシティマネジメントなのだと思います。

　最後に、本書の共著者である行政書士の松村麻里先生に感謝の意を表します。松村先生は、当職が主宰するＨＲプラス社会保険労務士法人の顧問として関与していただき、日頃から外国人雇用に関するアドバイスを頂戴しています。お互いを知ることとなって10年ほどになりますが、高い知見とご経験をもとに入管行政対応の第一線で活躍されており、当職も絶大な信頼を寄せています。

　本書を手に取られた実務担当者の皆さんが、適正な外国人雇用を通じて、それぞれの目的の実現を果たされますことを願ってやみません。

　2021年霜降り月　　　　　　　　移転まもない恵比寿の新オフィスにて
　　　　　　　　　　　　　　　　特定社会保険労務士　佐藤　広一

本書の内容は、2021年10月20日現在の法令等にもとづいています。

> 外国人を雇うとき これだけは知っておきたい実務と労務管理
> # もくじ

2章 外国人の雇用に必要な 「在留資格」の実務ガイド

3章 外国人労働者を採用するときに注意すべきこと

4章 外国人労働者の労務管理のポイント

CONTENTS

5章
外国人労働者の退職・解雇と
労働者派遣、請負の留意点

6章 外国人労働者の責任、企業の責任とは

カバーデザイン◎水野敬一

本文ＤＴＰ＆図版＆イラスト◎伊藤加寿美（一企画）

1章

外国人を雇用するときの
基礎知識

執筆◎松村 麻里

入管手続きと在留資格

　日本で外国人を雇用する場合は、特別な手続きが必要です。外国人を雇用する際の手続きは複雑なので、この章では、まず初めに基本的な知識をおさえておきましょう。

「出入国管理及び難民認定法」（入管法）とは？

　外国人を雇用する際の基本となる法律は「**出入国管理及び難民認定法**」（以下「**入管法**」）です。入管法では「**出入国に関すること**」と「**難民の手続きに関すること**」が定められています。

　「出入国に関すること」には、日本人および外国人の出入国、外国人のビザや手続き、各種罰則等が定められています。外国人が、どのように来日し、どのように滞在し、どういう場合に滞在できなくなるのか——外国人の滞在に関して一番の基本となる法律です。

　入管法では、外国人の滞在目的（活動内容）によって各種ビザ（在留資格）が分かれています。入管法以外にも外国人の滞在に関する関連法令等があり、必要なすべての条件を満たした外国人が日本に入国・滞在することができます。

「ビザ」と「査証」と「在留資格」の違い

　日本に滞在するためには**ビザ**が必要ということはご存じと思いますが、一般的に使われているビザという言葉が意味するものと正式名称とは少し異なる部分があります。

　ビザ（英語ではＶＩＳＡ）は日本では「**査証**」と呼ばれます。査証は、国外にある日本大使館・領事館で「この人は日本へ入国することに問題ない」と判断された場合に発給される〝**入国許可証**〟のイメージです。

◎入管の手続き◎

外国人が日本に滞在するために必要な許可を正式には「**在留資格**」と呼び、いずれかの在留資格が許可された場合に入国することができます。たとえば、観光で来日した外国人が空港の入管（出入国在留管理局）で許可される在留資格は「短期滞在」、留学で来日した外国人には「留学」の在留資格が許可されて入国することになります。

日本国外で発給する**入国に必要なものがビザ（査証）**であり、入国後の**滞在に必要なものが在留資格**ですが、**一般的にはビザ（査証）も在留資格もビザと呼ばれています。**出入国在留管理局の職員も認識を合わせるために在留資格のことをビザと表現することがあります。以下、本書でもわかりやすく説明するために、在留資格のことを「ビザ」、査証の場合には「ビザ（査証）」と記載していきます。

出入国在留管理局（入管）とは？

外国人の滞在（在留）に関する手続きを行なうのは、各地方の**出入国在留管理局**（通称「**入管**」）です。

日本での滞在を希望する外国人や海外から人材を呼び寄せる場合、住所地または会社所在地を管轄する出入国在留管理局へ各種申請を行ないます。

なお、申請は、基本的には外国人本人が行なうものとされていますが、外国人を海外から呼び寄せるときやオンライン申請等の場合には、受入企業の人事担当者などが申請を行なうことも可能です。

ビザの審査と入国までの流れ

「ビザの審査」とはどのようなもの？

　外国人のビザの審査は、必要書類を提出すれば必ず許可が出るというものではなく、許可が出ないことも少なくありません。

　入管法はその性質上、国の裁量を意味する言葉が多く存在しています。特に、入管法上、国内にいる外国人の手続きについては大きな裁量が働きます。

　日本に入国・滞在しようとする外国人には、さまざまな人がいます。不正な目的をもって日本に入国しよう（させよう）とする人たちによって審査をかいくぐるために悪用されることも考えられるため、国は、審査内容の一部は公開しても、すべての審査内容は公開していません。

　さまざまな状況によって審査事項が追加されることや判断基準も変わることがありますし、各地方出入国在留管理局によって審査結果に差が出ることもあります。このような裁量の大きさに賛否はありますが、日本社会の安全と安心を守ることを考えたシステムです。

　外国人のビザ審査とは、特殊な手続きであるということを理解し、**申請前にビザの許可を得るための入念な準備をすることが重要です**。

外国人が日本へ入国するまでの流れ

　外国人が日本へ入国したいと考えた場合、その入国目的によって手続きが分かれます。

　「観光」や「商談・会議等（商用）」「親族への訪問」などの短期間、日本に滞在したい場合は、まず始めに本国の大使館・領事館でビザ（査証）を申請します。そして、ビザ（査証）が発給された後、日本の空海港において入国審査を受け、入国します。ただし、**日本が**

◎観光等の入国例◎

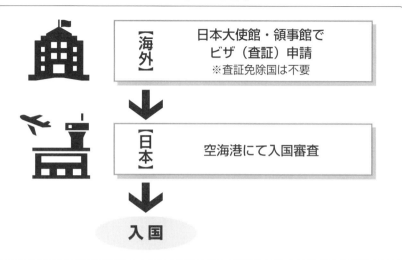

	【海外】	日本大使館・領事館で ビザ（査証）申請 ※査証免除国は不要
	【日本】	空海港にて入国審査
		入 国

◎中長期滞在の入国例◎

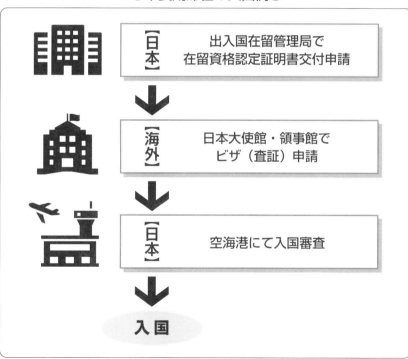

	【日本】	出入国在留管理局で 在留資格認定証明書交付申請
	【海外】	日本大使館・領事館で ビザ（査証）申請
	【日本】	空海港にて入国審査
		入 国

ビザ（査証）を免除すると認めている国・地域の出身であれば、現地の日本大使館・領事館でビザ（査証）を得ることなく、直接日本の空海港で入国審査を受け、入国することができます。

　短期滞在ビザ（通称「**観光ビザ**」）は、最大90日の滞在が許可されます。ビザ免除の取り決めによって日本に90日以上滞在できる国もありますが、その他の国・地域の場合は、基本的に更新を予定しているものではありません。しかし、当初の入国目的や特別な事情によっては更新が認められることもあります。

　日本へ留学や就職等で入国する中長期滞在の場合には、観光等とは違い、ビザ（査証）を得るためにまず日本にある管轄出入国在留管理局で「**在留資格認定証明書**」（Certificate of Eligibility：COE）の交付申請を行なう必要があります。

　在留資格認定証明書とは、新規で日本に入国したいと希望する外国人について審査した結果、「日本側は問題ないですよ」という証明書のイメージです。

　日本において在留資格認定証明書が交付されたら、その証明書を国外にいる外国人のもとへ郵送し、外国人本人が本国の日本大使館・領事館にて在留資格認定証明書を提示し、ビザ（査証）の申請を行ないます。在留資格認定証明書を所持していることで、大使館・領事館での審査は迅速に行なわれ、ビザ（査証）発給後、入国することになります。

　しかし、在留資格認定証明書が交付されてもビザ（査証）が発給されないこともありますし、ビザ（査証）が発給されても入国できないこともあります。最終的には、**入国時の審査で入国できるかどうかが決定**します。

　中長期滞在を希望する新規外国人は、「出入国在留管理局」「日本大使館・領事館」「空海港」と3つの審査を受ける必要があります。入国が許可されると、日本の空海港にて在留カードが発効されます（後日交付となることもあります）。

　このような中長期の滞在を希望する場合には、ビザ（査証）免除

◎ビザ（査証）免除国・地域一覧◎

アジア	大洋州	欧州
インドネシア	オーストラリア	スロバキア
シンガポール	ニュージーランド	スロベニア
タイ	**中東**	セルビア
マレーシア	アラブ首長国連邦	チェコ
ブルネイ	イスラエル	デンマーク
韓国	トルコ	ドイツ
台湾	**アフリカ**	ノルウェー
香港	チュニジア	ハンガリー
マカオ	モーリシャス	フィンランド
北米	レソト	フランス
アメリカ合衆国	**欧州**	ブルガリア
カナダ	アイスランド	ベルギー
中南米	アイルランド	ポーランド
アルゼンチン	アンドラ	ポルトガル
ウルグアイ	イタリア	北マケドニア
エルサルバドル	エストニア	マルタ
グアテマラ	オーストリア	モナコ
コスタリカ	オランダ	ラトビア
スリナム	キプロス	リトアニア
チリ	ギリシャ	リヒテンシュタイン
ドミニカ共和国	クロアチア	ルーマニア
バハマ	サンマリノ	ルクセンブルク
バルバドス	スイス	イギリス
ホンジュラス	スウェーデン	
メキシコ	スペイン	

（2021年9月時点）

　国・地域の外国人であっても、基本的には在留資格認定証明書の手続きから行なう必要があります。

1-3

ビザにもいろいろな種類がある

日本におけるビザの種類を大きく分けると、「**身分にもとづくビザ**」と「**滞在内容にもとづくビザ**」とに分かれます。そのなかでも就労できるビザと就労できないビザがあり、就労できないビザでも**資格外活動許可**を得れば一定の範囲内で就労することができます。

就労可能なビザは、以下のように4つのケースに分けることができます。

①就労制限がないビザ

身分にもとづくビザの場合は、**就労制限がなく、日本人と同様に業種・職種を問わず働くことができます。**

身分にもとづくビザは、永住許可を得た人や日本人と結婚している人など、一定の身分をもつ人が取得できるビザとなります。

◎身分にもとづくビザの種類◎

ビザの種類	例
永住者	永住許可を得た人
日本人の配偶者等	日本人の配偶者、日本人の子
永住者の配偶者等	永住者の配偶者、日本で生まれた永住者の子
定住者	日系3世、日本人を育てる親、外国人配偶者の連れ子など

「日本人の配偶者等」や「永住者の配偶者等」のビザは結婚ビザとも呼ばれています。

「定住者」というビザは、祖父母が日本人といった日系３世の人や難民認定をされた人、日本人と結婚していたものの離婚した人など個々によってさまざまな内容で許可されています。

このような身分をもつ外国人は、就労制限がないことで安心してしまい、雇用開始時以降、ビザの確認をしないという企業もありますが、途中で離婚などによりビザの条件を満たさなくなったり、ビザを変更する必要があったりするケースもあります。

永住者以外の外国人については、**ビザの期限を管理し、そのつど在留カードを確認する**ほうが安心です。

 ②就労ビザ

就労ビザは、業務内容によってビザの種類が異なります。就労ビザは**種類ごとに許可された業務内容**が存在し、**許可された業務と許可された就労ビザの範囲内**で働くことができます。

注意しなければならないのは、就労ビザを持っていても、どんな仕事でもできるわけではありません。

◎主な就労ビザの種類◎

就労ビザの種類	例
技術・人文知識・国際業務	ＩＴ技術者、通訳者、デザイナー、企業の語学講師、マーケティング業務従事者など
企業内転勤	外国の事業所からの転勤者
技　能	外国料理の調理師、スポーツ指導者など
高度専門職	ポイント制による高度人材
特定技能	特定産業分野で働く人
技能実習	技能実習生
経営・管理	経営者・管理者
研　究	研究者

たとえば、通訳として就労ビザを許可されている外国人は、建設現場の作業員として働くことはできませんし、外国料理の料理人として就労ビザをもつ外国人は、コンビニエンスストアの店員として働くことはできません。許可された就労ビザの範囲外の仕事をしている場合には、不法就労となってしまいます。

また、就労ビザをもっている外国人が日本人と結婚した場合、就労ビザと結婚ビザの両方に該当することになりますが、ビザを複数もつということはできないため、どちらか一方を選択することになります。

③資格外活動許可を得て働けるビザ（原則：就労不可）

留学生や就労ビザをもつ外国人の家族に許可される「家族滞在」ビザの場合、原則として就労は認められていませんが、出入国在留管理局へ資格外活動許可の申請を行ない、**資格外活動許可を得た場合には週28時間以内でアルバイトやパートとして働くことができ**ます。

単純作業に従事することや一般労働が可能であるため、コンビニエンスストアや飲食店の店員として働いている外国人の多くは、この資格外活動許可を得て働いています。

◎資格外活動許可を得て働ける主なビザの種類◎

ビザの種類	例
留　　学	大学、短期大学、専門学校、高等学校の学生など
家族滞在	就労ビザの外国人が扶養する配偶者・子

④個別に就労の可・不可が決められているビザ

「特定活動」という種類のビザの場合は、人によって就労可能な人と就労不可の人に分かれます。

　外国人によって個別に許可されている内容が違っており、在留カード上の「就労制限の有無」欄には「指定書により指定された就労活動のみ可」や「就労不可」と記載されています。資格外活動許可があれば就労できる場合もあります。

◎個別に就労の可・不可が決められているビザ◎

ビザの種類	例
特定活動	ワーキングホリデー、就職活動中の留学生、難民申請中の人、出国準備のための滞在者、個別に許可された業務に従事する人　など

「資格外活動許可」とは何か？

　「資格外活動許可」とは、すでにもっているビザの範囲外で収入を得る場合に必要な許可のことで、「保有しているビザに支障のない範囲」で就労活動が許可されます。

　たとえば、留学生は学業をメインに滞在するため、原則として就労はできませんが、学業に支障のない範囲でアルバイトなどの活動が許可されます。

　ただし、アルバイトなどで働くことは可能ですが、風俗営業等の業種（パチンコ店やゲームセンター、キャバクラなど）では働くことはできません。

　資格外活動許可については、「包括許可」と「個別許可」の2種類の許可があります。

　包括許可とは、アルバイトなど時給で働くことを想定しています。雇用契約などにより、就労時間が客観的に確認できる場合に許可されるもので、基本的に**週28時間以内（夏休みなどの長期休業期間は1日について8時間以内）**であれば働くことができます。

　包括許可の場合、資格外活動許可の申請前に勤務先が決まっている必要はなく、多くの留学生等が取得しているのがこの包括許可タ

◎包括許可と個別許可の違い◎

包括許可	個別許可
アルバイトなど時給によって働く場合 ・週28時間以内 　（夏休み等は1日8時間以内）	客観的に就労時間を確認することが困難な仕事、個別に判断が必要な場合など

イプの資格外活動許可です。しかし、留学生の場合、卒業後や退学となった後、たとえ留学ビザの期限が残っているとしても、アルバイトをすることはできません。**学校に在籍していることが資格外活動許可の条件**となっています。

　包括許可で注意しなければならないのは、「週28時間以内」という時間制限です。複数の会社で勤務している場合には、すべての会社で働く時間を合算して週28時間以内であることが必要です。

　一方、**個別許可**とは、個人事業主などの働き方で、客観的に就労時間を確認することが困難な場合や、就労ビザの範囲を超えて仕事をする場合など、個別に判断が必要な場合に許可されるものです。

　個別に許可された内容は、パスポートに貼付される資格外活動許可の証印（シール）に記載されます。

1-4

在留カードのしくみと確認方法

 「在留カード」とは？

　外国人を採用する際、最初に確認すべきものは「在留カード」です。

　在留カードは、基本的に3か月以上、**日本に滞在する外国人に交付される公的な身分証明書**であり、入管法においても常に在留カードを携帯するよう義務づけられています。

　在留カードには、カードを所持している外国人の氏名、生年月日、性別、国籍・地域、住居地、ビザの種類、ビザの期間、就労の可否など、外国人が日本に滞在するにあたっての重要な情報が記載されています。

　基本的には、3か月以上のビザが許可された場合に在留カードが交付されますが、一部、ビザの種類等によって在留カードが発行されない人もいます。

　在留カードが発行されない人は以下のとおりで、これ以外の人には在留カードが発行されます。

---

①滞在期間「3か月」以下の人
②「短期滞在」ビザの人
③「外交」または「公用」ビザの人
④上記①～③の外国人に準じるものとして法務省令で定める人
⑤特別永住者
⑥ビザのない人

　基本的に、在留カードの表面と裏面を見れば、外国人の滞在状況を把握することができます。在留カードに穴があいている場合、そ

◎「在留カード」の表面と裏面◎

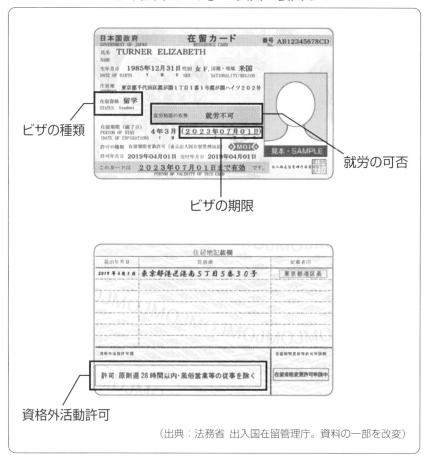

ビザの種類

就労の可否

ビザの期限

資格外活動許可

(出典：法務省 出入国在留管理庁。資料の一部を改変)

の在留カードは無効な状態です。現在有効な在留カードの場合、穴
はあいていません。

　引っ越しなどで住所地が変更となった場合には、在留カード裏面
の「住居地記載欄」に新しい住所地が記載されます。

在留カードの確認方法

①「就労制限の有無」を確認する

　在留カードを確認する際、まず初めにチェックするのは、在留カ

ード表面の中央にある「就労制限の有無」欄です。そこにどのような記載がされているかがポイントとなります。

　永住者や結婚ビザなど身分にもとづくビザの場合は「**就労制限なし**」、就労ビザの場合は「**在留資格に基づく就労活動のみ可**」、留学生や家族滞在者の場合は「**就労不可**」、特定活動の場合には人によって「**指定書により指定された就労活動のみ可**」や「**就労不可**」と記載されています。

　「就労制限なし」と記載されている場合は、日本人と同様に雇用することが可能です。

　「在留資格に基づく就労活動のみ可」と記載されている場合は、在留カード表面の中央左に記載された「在留資格」に記載されている就労ビザの種類を確認し、許可されている就労ビザの範囲内の業務において雇用することが可能です。

②「資格外活動許可」欄を確認する

　「就労不可」と記載されている場合は、在留カード裏面下の資格外活動許可欄を確認し、資格外活動許可を取得しているかをチェックします。「**許可：原則週28時間以内・風俗営業等の従事を除く**」と記載がある場合には、許可された範囲で雇用することが可能です。

③パスポートの「指定書」を確認する

　「指定書により指定された就労活動のみ可」と記載されている場合は、パスポートに「指定書」という紙が添付されているので、その指定書を確認します。

　指定書のなかに「報酬を受ける活動」を認めるという趣旨の記載がされていれば雇用することができます。

　逆に、「報酬を受ける活動を除く」と記載されている場合には働くことはできません。ただし、資格外活動許可を取得すれば働ける場合があります。

④在留期間（満了日）を確認する

　雇用できる外国人であることを確認したら、次に在留カード表面中央の在留期間（満了日）を確認します。

　カッコ書きで記載されている日付がビザの期限となります。期限が切れていないか、期限が近づいている場合にはビザの更新や変更が必要なのかを本人に確認します。

　永住者などの場合には、「＊＊＊＊年＊＊月＊＊日」と記載されています。

　ビザの更新や変更をしている場合、在留カード裏面右下の「在留期間更新等許可申請欄」に「在留期間更新許可申請中」や「在留資格変更許可申請中」と記載されます。

⑤在留カードの原本を確認し、カードが本物であるかチェックする

　在留カードの確認後、雇用できることを確認したら、次にその在留カードが本物であるかを確認します。

　日本に滞在する外国人の間では偽造在留カードが出回っており、偽造在留カードをもっている外国人を雇用してしまうと、雇用した企業までも不法に外国人を就労させたと責任を問われる場合があります（不法就労助長罪）。

　不法就労を防ぐために、外国人を雇用する際には在留カードの写

在留カード等読取アプリケーション

公開日　2020年12月25日

対応OS　Windows
　　　　macOS
　　　　Android
　　　　iOS

無料で利用できます

RESIDENCE CARD CHECKER

出入国在留管理庁

このアプリケーションはICチップの情報を表示します

（出典：法務省　出入国在留管理庁）

真やコピーではなく、カード原本を確認するよう警察からも指示されています。

在留カードには、高度なセキュリティ機能を有するＩＣチップが内蔵されており、偽変造カードの作成を防止していますので、出入国在留管理庁が公開している**「在留カード等読取アプリ」**（前ページ参照）を使用すれば、スマートフォンなどで在留カードのＩＣチ

◎特定活動ビザの「指定書」のサンプル◎

日本国政府法務省

指 定 書

氏名

国籍・地域

出入国管理及び難民認定法別表第一の五の表の下欄の規定に基づき上記の者が本邦において行うことのできる活動を次のとおり指定します。

許可された内容

日 本 国 法 務 大 臣

ップを読み取り、在留カードが偽造でないことを確認することが可能です。

 パスポート（旅券）の確認方法

　在留カードを持っていることで、基本的な滞在状況は確認できますが、警視庁は外国人を雇用する事業主の義務として**パスポート（旅券）の確認**も求めています。

　面接にやってきた外国人が、他人名義の在留カードを使っていたという事例もあるので、在留カードとパスポートを照合し、本人確認を行ないます。

　ビザの種類によっては、在留カードのみでは就労の可否を正確に把握できません。特定活動ビザの**指定書**（前ページ参照）や**資格外活動許可の証印（シール）**は、パスポートに添付・貼付されていますので確認しましょう。

◎資格外活動許可の証印のサンプル◎

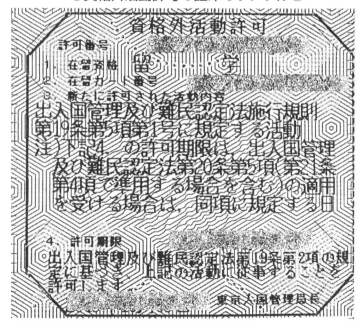

パスポートは、自国外で通用する**国際的な身分証明書**です。本人確認のためにも、外国人を採用する際には在留カードだけではなく、パスポートの確認も行なうようにしてください。

フルタイムで採用できるビザと採用できないビザ

就労ができるといっても、フルタイムで社員としての採用ができる場合と、アルバイトとしての採用しかできない場合があります。**社員として採用するためには、フルタイムで就労できるビザが必要**です。

たとえば、留学生のときからアルバイトをしていた外国人を、社員として採用したいと考えた場合、フルタイムで就労できない「留学」ビザからフルタイムで就労できる「技術・人文知識・国際業務」ビザなどへのビザの変更許可申請を行ない、許可されれば社員として雇用することが可能です。

身分にもとづくビザの場合は、日本人と同じように働くことができ、社員としてフルタイムで働くことも、アルバイトやパートとして働くことのどちらも可能です。

◎フルタイムでの就労ができる場合・できない場合◎

フルタイムでの就労ができる	永住者、日本人の配偶者等、永住者の配偶者等、定住者、技術・人文知識・国際業務、企業内転勤、技能、高度専門職、特定技能、特定活動^(※) など
フルタイムでの就労はできない	留学、家族滞在、特定活動^(※) など

（※）特定活動は許可された内容による。

以上、外国人の就労条件についてまとめておくと、次の表のよう

になります。

	身分ビザ	就労ビザ	資格外活動許可	特定活動ビザ
就労	○	○	○	許可内容による
業務内容	制限なし	許可内業務	風俗営業以外	
フルタイム雇用	○	○	× 週28時間以内 （※個別許可除く）	

2章

外国人の雇用に必要な
「在留資格」の実務ガイド

執筆◎松村 麻里

2-1

「在留資格」に関する基礎知識

👤 フルタイムでの就労が認められるビザ

フルタイムで雇用する際、身分によるビザ以外の場合には、基本的に就労ビザが必要です。

就労ビザといっても、従事する業務によってさまざまで、許可された**内容**と**範囲**を守ることが求められます。そこで、ここではまず代表的な就労ビザについて理解していきましょう。

👤 在留資格の「技術・人文知識・国際業務」とは？

日本における就労ビザのうち、最も一般的なのが「技術・人文知識・国際業務」です（略して「技人国」ともいいます）。

この就労ビザは、**専門知識**などを活かし、**技術の分野、人文知識の分野、国際業務の分野**という3つの業務分野に従事するためのビザで、必要な学歴や実務経験などをもつ外国人に認められる就労ビザとなります。

◎技術・人文知識・国際業務の業務内容◎

技　術	ＩＴ技術者、機械エンジニア、設計、技術開発　など
人文知識	コンサルタント、マーケター、営業、経理、事業開発　など
国際業務	通訳・翻訳、民間の語学講師、貿易業務、デザイナー、海外取引　など

「技術」分野はいわゆる**理系の知識を必要とする業務**、「人文知識」

分野は**文系の知識を必要とする業務**、「国際業務」分野は**外国人だからこそできる業務**といった分類です。

　この技術・人文知識・国際業務ビザは、3つにわたる幅広い業務を横断的に行なうことができるとされていますが、ビザを取得する際には、それぞれの業務分野につき専攻との関連性や実務経験などが求められます。求められる要件は、3つそれぞれに違いがあります。

　また、幅広い業務を行なうことができますが、専門知識を必要としない一般的な労働を行なうことはできません。

┌─────────【認められない業務の例】─────────┐
● レジ打ち・商品陳列業務　● 清掃業務　● 建築現場作業
● 工場でのライン作業　● 物流倉庫内作業　● 配送ドライバー
● 飲食店のホール業務　● 精肉業務　　など
└──────────────────────────────────┘

「技術・人文知識・国際業務」の許可要件

　就労ビザを取得するには、大きく分けると、外国人本人の要件と企業側の要件があります。

①企業と雇用契約等があること

　就労ビザを取得したいと考えた場合に、まず必要な条件は受入企業（手続き上は「所属機関」といいます）があることです。

　留学生が日本企業で働きたいと考えた場合、就職活動以前に就労ビザを取ることはできません。まずは、就職活動等を経て企業と契約を結ぶことが必要です。

　この契約は、正社員だけではなく、契約社員も可能であり、雇用契約以外の派遣契約や請負契約（フリーランス）も認められています。しかし、フリーランスとはいえ、契約企業がなければ許可されません。事前に契約をすることが必要です。

②専門知識や外国人特有の能力を必要とする業務に従事すること

　技術・人文知識・国際業務の業務分野に従事することが必要です。基本的にこの３つの業務分野以外の仕事に従事することは認められません。

　また、技術・人文知識・国際業務の業務分野に従事するとしても、企業の規模、社員数、必要性、その外国人が行なう業務量が十分に確保されていることなどが必要です。

　業務量が不十分と判断される場合には、技術・人文知識・国際業務の業務を行なうとしても不許可となる可能性が高くなります。

③必要な学歴または必要な実務経験または一定の試験に合格していること

　技術・人文知識・国際業務の業務は、専門知識を必要とする業務であるため、大学等を卒業していること、または３つの業務分野それぞれに必要な実務経験があることが要件として求められます。

　ＩＴ技術者については、別に定められた試験に合格していることで要件を満たします。

④業務内容と専攻科目に関連性があること

　就労ビザ許可後は３つの業務分野を横断する仕事に従事することが可能ですが、技術・人文知識・国際業務のビザを取得する際には業務内容と専攻してきた科目に関連性があることが必要です。

　専攻と業務の関連性については、短期大学以上と専門学校とで関連性の審査に違いがあります。

⑤日本人と同額以上の報酬であること

　外国人だからといって低賃金で働かせることはできません。同じ企業内で、外国人と日本人を区別し、外国人のみ低賃金での採用を行なうことは就労ビザの要件を満たしません。

　日本人を採用するときと同額以上の給与を支払うことが必要です。

⑥会社の適正性、安定性、継続性があること

　企業として適正に事業を行なっていることが求められます。事業において必要な許可等を取得しているか、安定して事業を継続できるかなどについて審査されます。

　就労ビザの審査では、企業を「上場している企業・公的機関」「上場していない規模の大きな会社」「一般的な中小企業」「設立したばかりの会社」といった４つのカテゴリーに分けており、各カテゴリーによっても審査に差があります。

　審査に差はありますが、設立したばかりの会社でも許可を得ることは可能ですし、個人事業主として外国人を雇用するといった場合でも許可される場合もあります。

　しかし、既存法人と比べて個人事業主や設立したばかりの会社はその安定性や継続性を判断することが難しいため、より詳細な会社資料などを提出する必要があります。

⑦外国人本人の素行が不良でないこと

　外国人本人についても、法令違反や素行に問題がないことが求められます。

　たとえば、留学生が週28時間を超えてアルバイトをしている場合や、学校の出席日数が70％程度といった学業をしっかり行なっていないと判断された場合には、不許可となる可能性が高くなります。

　また、国内在住の外国人については、入管法上必要な届出を行なっているかもポイントです。採用時には、住民税の納税証明書の給与収入欄に記載された金額や出席率証明書を本人から提出してもらい、問題となる事項がないか確認しておくと安心です。

2-2
学歴要件と、専攻と業務内容の関連性

👤 学歴要件の注意点

　技術・人文知識・国際業務に求められる「大学等を卒業」とは、学士や短期大学士などの**学位を取得**していることをいいます。卒業証明書などに学位の記載があるか確認してください。

　日本の大学院、大学、短期大学、専門学校を卒業し、学位を取得した人は学歴要件を満たしますが、日本語学校を卒業しただけではビザの要件を満たしません。その場合は、本国で大学を卒業しているかを確認します。

　海外の大学でもビザの取得は可能ですが、各国それぞれ教育制度が違うので注意が必要です。海外の教育制度による高等教育にあたる機関はそれぞれで、大学という名称ではない国もあります。そうした場合、大学と同等と認められるかがポイントとなります。

◎学歴要件の可否◎

		学歴要件	学位
海外	大学院	○	博士、修士
	大　学	○	学士
	短期大学	○	準学士
	その他高等教育機関	△	教育機関による
日本	大学院	○	博士、修士
	大　学	○	学士
	短期大学	○	短期大学士
	専門学校	○	専門士
	日本語学校	×	―

海外の高等教育機関については、各国それぞれの教育制度を確認し、その学校が本国でどのような位置づけであり、どのような学位が授与されているのかを確認して、就労ビザの要件を満たしていることを証明する必要があります。

👤 海外大学等の卒業証明書の注意点

海外大学等の卒業証明書のなかには、理学士や文学士などの学位のみ記載されており、卒業証明書のみでは本人の専攻内容が確認できないことがあります。その場合、別途、成績証明書等を提出してもらい、どのような専攻内容であったのかを確認することが必要です。

また、「課程を修了した」や「卒業した」としか記載されていない卒業証明書の場合、その証明書のみでは学位の確認ができません。別途、学位を証明する書類を提出してもらう必要があります。大学等の卒業証明書を持っていても、このような場合にはビザの要件を満たさないと判断されることがあります。

👤 専攻と業務の関連性はどの程度必要？

法令上、技術・人文知識・国際業務の要件には、大学等の専攻内容と業務内容に関連性があることが求められています。

	技　術		人文知識	
学　部	情報工学・IT	機械工学	経営学	経済学
業　務	システム開発、ソフトウェア開発、プログラミングなど	機械エンジニア、技術開発、機械設計など	コンサルティング、管理・マネジメント、事業開発など	マーケティング、営業、リサーチなど

技術の分野では、大学等で学んだ理系の知識を活かす仕事、たとえば「情報工学を学び、システムエンジニアとして働く」「機械工

学を学び、機械系エンジニアとして働く」といったものです。

　人文知識の分野は、大学等で学んだ文系の知識を活かす仕事、たとえば「経営学を学びコンサルタントとして働く」「経済学を学びマーケティング担当者として働く」といったものです。

国際業務
通訳、翻訳、語学講師、貿易業務、海外取引、広報、宣伝、服飾デザイン、商品開発など

　国際業務の分野は、外国人特有の能力を必要とする業務です。

　「外国人特有の能力」というのは、外国人ならではの感性や母国語といった能力です。外国人特有の能力を使う業務であるため、**学歴要件は必要とされていません。**しかし、**3年以上の実務経験が必要**とされています。

　ただし、大学等を卒業した外国人が通訳、翻訳、語学の指導といった業務を行なう場合には、実務経験は必要なく、専攻と関連性がなくても許可されます。しかし、専門学校を卒業した外国人については、通訳などを行なう場合でも専攻との関連性が求められますので注意が必要です。

　このように、技術・人文知識・国際業務では、3つの業務分野に分けられた業務と、専攻との関連性が必要とされていますが、実際には、その業務分野は複雑にからみあうものです。

　また、企業によって職種も業務内容も多岐にわたり、その業務が3つの業務分野のどれにあたる業務なのか判断がつかないことも少なくありません。特に、外資系企業やベンチャー企業の場合には、一般的な日本企業とは違い、業務を明確な職種に分けられないこともあります。

　そうした時代背景や経済事情などを踏まえて、現在は出入国在留管理局も**大学等を卒業している場合には専攻と業務の関連性を柔軟に判断**しています。

なぜ「大学等を卒業した場合」なのかというと、大学は、広く知識を授け、知的、道徳的および応用的能力を展開させることを目的とするという大学の性質を踏まえた結果、専攻と業務の関連性について緩やかに判断するとされています。

しかし、専攻内容と業務の関連性が認められたとしても、その業務に専門知識を必要としない場合や主体的な業務ではない場合は、技術・人文知識・国際業務にあたらない業務などは許可されません。

専門学校卒業者は専攻と業務の関連性が厳しく審査される

大学卒業者とは異なり、専門学校は、仕事に必要な実践的な能力を育成することや、教養の向上といった目的をもつため、専門学校卒業者については、専攻内容と業務の関連性の一致をより厳しく判断されることになります。

専門学校卒業者については、卒業証明書のみではなく、成績証明書等も提出してもらい、履修内容を詳細に確認し、従事する業務と専攻内容が一致しているか確認しましょう。

専攻と業務内容の関連性の許可例

専攻の違いによる業務内容の詳細は、以下の表のようになっています。

【最終学歴：大学】

学科／履修	業務内容
工学部	電機製品の製造企業において、技術開発業務に従事
経営学部	コンピュータ関連サービス企業において、翻訳・通訳に関する業務に従事
法学部	法律事務所において、弁護士補助業務に従事
教育学部	語学指導企業において、英会話講師業務に従事

【最終学歴：専門学校】

学科／履修	業務内容
マンガ・アニメーション科 ゲーム理論、CG、プログラミング等を履修	コンピュータ関連サービス企業でゲーム開発業務に従事
電気工学科	電気通信設備工事企業において、工事施工図の作成、現場職人の指揮・監督等に従事
建設室内設計科	建設設計企業において、建築積算業務に従事
自動車整備科	自動車の点検整備・配送・保管を行なう企業において、サービスエンジニアとしてエンジンやブレーキ等、自動車の基幹部分の点検・整備・分解等の業務に従事するとともに、自動車検査員としての業務に従事
国際IT科 プログラミング等を履修	金属部品製造を業務内容とする企業において、ホームページの構築、プログラミングによるシステム構築等の業務に従事
美容科	化粧品販売会社において、ビューティーアドバイザーとしての活動を通じた美容製品に係る商品開発、マーケティング業務に従事
ゲームクリエーター学科 3DCG、ゲーム研究、企画プレゼン、ゲームシナリオ、制作管理、クリエーター研究等を履修	ITコンサルタント企業において、ゲームプランナーとして、海外向けゲームの発信、ゲームアプリのカスタマーサポート業務に従事
ロボット・機械学科 CAD実習、工業数理、材料力学、電子回路、マイコン制御等を履修	工作機械設計・製造を行なう企業において、機械加工課に配属され、部品図面の確認、精度確認、加工設備のプログラム作成等の業務に従事
情報システム開発学科 C言語プログラミング、ビジネスアプリケーション、ネットワーク技術等を履修	電気機械・器具製造を行なう企業において、現場作業用システムのプログラム作成、ネットワーク構築業務に従事
国際コミュニケーション学科 コミュニケーションスキル、	人材派遣、人材育成、研修サービス事業を運営する企業において、外国人スタッフの接遇教育、管理等のマネジメント業務に従事

接遇研修、異文化コミュニケーション、キャリアデザイン、観光サービス論等を履修	
国際ビジネス学科 観光概論、ホテル演習、料飲実習、フードサービス論、リテールマーケティング、簿記、ビジネスマナー等を履修	飲食店経営会社の本社事業開発室において、アルバイトスタッフの採用、教育、入社説明資料の作成業務に従事

（出典：法務省。資料を一部改変）

「技術・人文知識・国際業務」における実務要件

　学歴の要件がなくても、実際に技術・人文知識・国際業務の実務に従事していた経験が認められる場合、ビザを取得することができます。必要な実務経験年数は、業務分野によって下図のように異なります。

```
技　　術  ━━▶  10年
人文知識  ━━▶  10年
国際業務  ━━▶   3年
```

　技術・人文知識の業務に従事する場合には、**従事しようとする業務について10年間**の実務経験、国際業務に従事する場合には、**従事しようとする業務に関連する業務について3年間**の実務経験があれば、学歴は不要です。

　実務経験のなかには、大学や高等専門学校、高等学校や専修学校の専門課程で当該科目を専攻した期間も含むとされています。

　実務経験を証明するものとしては、その外国人がどのような仕事に従事し、いつからいつまで働いていたのかといった「在職証明書」や、1社で実務年数を満たさない場合には前勤務先からの「雇用証明書」（次ページ参照）なども用意することになります。

CERTIFICATE OF EMPLOYMENT
雇 用 証 明 書

Date:Sep.1 20XX
日付

Company Name: ○○○○
会社名
Address: ○○○○.○○. XXX-XXX
住所
Tel: XXX-XXXX
電話番号
Email: XXXXX@XXXX

This is to certify that the following information is valid.
下記事実を証明します。

Name: 名前	○○○○
Date of Birth: 生年月日	February 1 1990
Passport No.: 旅券番号	XXXXXXXX
Present Address: 住所	○○○○,○○, XXX-XXX
Department: 所属部署	Trade
Job Description: 業務内容	Export and Import
Period of Employment: 雇用期間	From January 15 2018 to July 15 2021

Signature
署名
Name: ○○○○
名前
Title: CEO
役職

👤 ＩＴ技術者は一定の試験に合格することで要件を満たす

　システムエンジニアなどのＩＴ技術に従事する予定の人は、法務省告示（ＩＴ告示）で定められた一定の試験に合格している場合、特例として学歴や実務経験がなくてもビザを取得することが可能です。

　技術・人文知識・国際業務ビザの取得が認められる試験は、日本または海外それぞれで以下のように定められています。

◎ＩＴ告示（2021年9月時点）◎

【日本における試験】
①情報処理の促進に関する法律（昭和45年法律第90号）に基づき経済産業大臣が実施する情報処理安全確保支援士試験
②情報処理の促進に関する法律に基づき経済産業大臣が実施する情報処理技術者試験のうち次に掲げるもの
　（1）ＩＴストラテジスト試験
　（2）システムアーキテクト試験
　（3）プロジェクトマネージャ試験
　（4）ネットワークスペシャリスト試験
　（5）データベーススペシャリスト試験
　（6）エンベデッドシステムスペシャリスト試験
　（7）ＩＴサービスマネージャ試験
　（8）システム監査技術者試験
　（9）応用情報技術者試験
　（10）基本情報技術者試験
　（11）情報セキュリティマネジメント試験
③通商産業大臣又は経済産業大臣が実施した情報処理技術者試験で次に掲げるもの
　（1）第一種情報処理技術者認定試験
　（2）第二種情報処理技術者認定試験

（3）第一種情報処理技術者試験

（4）第二種情報処理技術者試験

（5）特種情報処理技術者試験

（6）情報処理システム監査技術者試験

（7）オンライン情報処理技術者試験

（8）ネットワークスペシャリスト試験

（9）システム運用管理エンジニア試験

(10)　プロダクションエンジニア試験

(11)　データベーススペシャリスト試験

(12)　マイコン応用システムエンジニア試験

(13)　システムアナリスト試験

(14)　システム監査技術者試験

(15)　アプリケーションエンジニア試験

(16)　プロジェクトマネージャ試験

(17)　上級システムアドミニストレータ試験

(18)　ソフトウェア開発技術者試験

(19)　テクニカルエンジニア（ネットワーク）試験

(20)　テクニカルエンジニア（データベース）試験

(21)　テクニカルエンジニア（システム管理）試験

(22)　テクニカルエンジニア（エンベデッドシステム）試験

(23)　テクニカルエンジニア（情報セキュリティ）試験

(24)　情報セキュリティアドミニストレータ試験

(25)　情報セキュリティスペシャリスト試験

【中国における試験】

①中国工業和信息化部教育与考試中心が実施する試験のうち次に掲げるもの

　　（1）系統分析師（システム・アナリスト）

　　（2）信息系統項目管理師（インフォメーション・システム・プロジェクト・マネージャ）

　　（3）系統架構設計師（システム・アーキテクト）

　　（4）軟件設計師（ソフトウェア設計エンジニア）

　　（5）網絡工程師（ネットワーク・エンジニア）

（6）数据庫系統工程師（データベース・システム・エンジニア）

（7）程序員（プログラマ）

②中国信息産業部電子教育中心又は中国工業和信息化部電子教育与
考試中心が実施した試験のうち次に掲げるもの

（1）系統分析員（システム・アナリスト）

（2）高級程序員（ソフトウェア・エンジニア）

（3）系統分析師（システム・アナリスト）

（4）軟件設計師（ソフトウェア設計エンジニア）

（5）網絡工程師（ネットワーク・エンジニア）

（6）数据庫系統工程師（データベース・システム・エンジニア）

（7）程序員（プログラマ）

【フィリピンにおける試験】

①フィリピン国家情報技術標準財団（PhiINITS）が実施する試験
のうち次に掲げるもの

（1）基本情報技術者（ファンダメンタル・インフォメーション・
テクノロジー・エンジニア）試験

（2）応用情報技術者（アプライド・インフォメーション・テク
ノロジー・エンジニア）試験

②フィリピン・日本情報技術標準試験財団（JITSE Phil）が実施し
た基本情報技術者（ファンダメンタル・インフォメーション・テ
クノロジー・エンジニア）試験

【ベトナムにおける試験】

①ハイテクインキュベーショントレーニングセンター（HITC）が
実施する試験のうち次に掲げるもの

（1）基本情報技術者（ファンダメンタル・インフォメーション・
テクノロジー・エンジニア）試験

（2）応用情報技術者（アプライド・インフォメーション・テク
ノロジー・エンジニア）試験

②ベトナム情報技術試験訓練支援センター（VITEC）又はベトナ
ム訓練試験センター（VITEC）が実施した試験のうち次に掲げ
るもの

（1）基本情報技術者（ファンダメンタル・インフォメーション・

テクノロジー・エンジニア）試験

（2）ソフトウェア開発技術者（ソフトウェア・デザイン・アン
ド・ディベロップメント・エンジニア）試験

（3）応用情報技術者（アプライド・インフォメーション・テク
ノロジー・エンジニア）試験

【ミャンマーにおける試験】

ミャンマーにおけるミャンマーコンピュータ連盟（MCF）が実施
する試験のうち次に掲げるもの

①基本情報技術者（ファンダメンタル・インフォメーション・テク
ノロジー・エンジニア）試験

②応用情報技術者（アプライド・インフォメーション・テクノロジ
ー・エンジニア）試験

【台湾における試験】

台湾における財団法人資訊工業策進会（III）が実施した試験のうち
次に掲げるもの

①軟体設計専業人員（ソフトウェア・デザイン・アンド・ディベロ
ップメント・IT・エキスパート）試験

②網路通訊専業人員（ネットワーク・コミュニケーション・IT・
エキスパート）試験

③資訊安全管理専業人員（インフォメーション・システム・セキュ
リティー・IT・エキスパート）試験

【マレーシアにおける試験】

マレーシアにおけるマルチメディア技術促進本部（METEOR）が
実施する基本情報技術者（ファンダメンタル・インフォメーション・
テクノロジー・プロフェッショナル）試験

【タイにおける試験】

①国立科学技術開発庁（NSTDA）が実施する試験のうち次に掲げ
るもの

（1）基本情報技術者（ファンダメンタル・インフォメーション・
テクノロジー・エンジニア）試験

（2）応用情報技術者（アプライド・インフォメーション・テク
ノロジー・エンジニア）試験

②国立電子コンピュータ技術センター（NECTEC）が実施した基本情報技術者（ファンダメンタル・インフォメーション・テクノロジー・エンジニア）試験

【モンゴルにおける試験】

モンゴルにおけるモンゴル国立ＩＴパーク（NITP）が実施する試験のうち次に掲げるもの

①基本情報技術者（ファンダメンタル・インフォメーション・テクノロジー・エンジニア）試験

②応用情報技術者（アプライド・インフォメーション・テクノロジー・エンジニア）試験

【バングラデシュにおける試験】

バングラデシュにおけるバングラデシュコンピュータ評議会（BCC）が実施する試験のうち次に掲げるもの

①基本情報技術者（ファンダメンタル・インフォメーション・テクノロジー・エンジニア）試験

②応用情報技術者（アプライド・インフォメーション・テクノロジー・エンジニア）試験

【シンガポールにおける試験】

シンガポールにおけるシンガポールコンピューターソサイエティ（SCS）が認定するサーティファイド・ＩＴ・プロジェクト・マネージャ（CITPM）

【韓国における試験】

韓国における韓国産業人力公団が認定する資格のうち次に掲げるもの

①情報処理技師（エンジニア・インフォメーション・プロセシング）

②情報処理産業技師（インダストリアル・エンジニア・インフォメーション・プロセシング）

　以上、ここまで説明してきた技術・人文知識・国際業務の学歴・職歴要件についてまとめると次ページ図のようになります。

技　術	人文知識	国際業務
必要な学歴 または 10年以上の経験 または ＩＴ告示試験合格	必要な学歴 または 10年以上の経験	3年以上の経験 ※大学等を卒業した人が翻訳・通訳・語学の指導などに従事する場合には実務経験不要

 ## 研修の一環でビザの範囲を超えて働く場合

　企業によっては、新入社員は研修の一環として店舗業務等の単純作業を含む業務に従事することが求められる場合があります。

　このような場合、それが企業における研修の一環であって、そのような業務に従事するのは採用初期のみといったときには、許容される場合があります。

　研修の一環でさまざまな業務に従事する必要がある場合には、入社後のキャリアステップや各段階における具体的な職務内容などをまとめた資料の提出を求められる場合があります。

2-3

「技術・人文知識・国際業務」ビザの申請書類

👤 ビザ審査では企業は４つのカテゴリーに分かれている

就労ビザの審査において、企業は４つのカテゴリーに分かれています。

◎就労ビザ審査の際の対象企業区分◎

カテゴリー１	①日本の証券取引所に上場している企業 ②保険業を営む相互会社 ③日本または外国の国・地方公共団体 ④独立行政法人 ⑤特殊法人・認可法人 ⑥日本の国・地方公共団体認可の公益法人 ⑦法人税法別表第１に掲げる法人 ⑧高度専門職省令第１条第１項各号の表の特別加算の項の中欄イまたはロの対象企業（イノベーション創出企業） ⑨一定の条件を満たす企業等
カテゴリー２	①前年分の給与所得の源泉徴収票等の法定調書合計表中、給与所得の源泉徴収票合計表の源泉徴収税額が1,000万円以上ある団体・個人 ②在留申請オンラインシステムの利用申出の承認を受けている機関
カテゴリー３	前年分の職員の給与所得の源泉徴収票等の法定調書合計表が提出された団体・個人（カテゴリー２を除く）
カテゴリー４	上記のいずれにも該当しない団体・個人

（2021年9月時点）

「カテゴリー１」は上場企業や公的機関など、「カテゴリー２」は上場していない規模の大きな会社、「カテゴリー３」はカテゴリー１・２に当てはまらない会社、「カテゴリー４」は設立したばかりの会社などです。

　カテゴリー２と３は、前年分の「給与所得の源泉徴収票等の法定調書合計表」に記載されている源泉徴収税額によって分かれます。

　「給与所得の源泉徴収票等の法定調書合計表」とは、企業が前年にいくらの源泉徴収を行なったのかが記載された会社資料で、顧問税理士や経理担当者が保有しています。

◎「法定調書合計表」のサンプル◎

👤 ビザ申請の際に必要となる書類

　出入国在留管理局は、各カテゴリー別に、技術・人文知識・国際業務ビザの申請について、申請書の提出時に必要な書類を公開しています。たとえば、「在留資格認定証明書交付申請」の場合に必要となる提出書類は次ページ表にあげたとおりです。

　「直近の年度の決算文書の写し」については、一般にいう決算書（法人税確定申告書一式）全ページではなく、申告書のうち、「決算書の表紙」（事業年度の記載のあるもの）、「貸借対照表」「損益計算書」「販売費及び一般管理費内訳書」の4ページを提出することで足ります。

　カテゴリー1とカテゴリー2については、次ページ表以外の書類については原則不要とされています。ただし、これらは**申請の受付時に必要な資料**であり、審査では個別に判断されるため、これだけで許可がおりるとはいえません。申請時に必要な資料のみでは、ビザの要件を満たしているのかがわからないため、審査がスムーズに進まないこともあります。

　カテゴリー1やカテゴリー2については、認知度の高い企業も多いですが、特にカテゴリー3の一般的な企業が初めて外国人の就労ビザを申請する場合、出入国在留管理局には企業の情報がありません。自社のことを理解してもらうためにも、受付時に必要とされる書類以外に任意書類として、55ページのような書類を提出することも有効です。

　このような書類の他にも、申請後に外国人本人や企業を個別に審査していくなかで、担当審査官から追加で提出指示のあることも多く、結果が出るまでそのつど対応していくことが求められます。

　なお、外国人の採用時には55ページ下のチェックリストを使って、確認モレのないようにするとよいでしょう。

◎「技術・人文知識・国際業務」ビザの申請時必要書類◎

カテゴリー1	1	在留資格認定証明書交付申請書
	2	証明写真（3cm×4cm）※3か月以内に撮影されたもの
	3	パスポートの写し（身分事項ページ）
	4	会社四季報の写しまたは日本の証券取引所に上場していることを証明する文書の写し その他カテゴリー1に該当することを証明する書類の写し
	5	専門学校を卒業した者については専門士等の学位証明書の写し
	6	派遣契約にもとづいて就労する場合、労働条件通知書（雇用契約書）等の写し
	7	返信用封筒（簡易書留用の切手を貼付したもの）
カテゴリー2	1	在留資格認定証明書交付申請書
	2	証明写真（3cm×4cm）※3か月以内に撮影されたもの
	3	パスポートの写し（身分事項ページ）
	4	前年分の職員の給与所得の源泉徴収票等の法定調書合計表の写し（税務署受付印または受付番号のあるもの） その他カテゴリー2に該当することを証明する書類の写し
	5	専門学校を卒業した者については専門士等の学位証明書の写し
	6	派遣契約にもとづいて就労する場合、労働条件通知書（雇用契約書）等の写し
	7	返信用封筒（簡易書留用の切手を貼付したもの）
カテゴリー3	1	在留資格認定証明書交付申請書
	2	証明写真（3cm×4cm）※3か月以内に撮影されたもの
	3	パスポートの写し（身分事項ページ）
	4	履歴書
	5	大学等の卒業証明書の写し ※学歴要件で取得する場合
	6	在職証明書等で実務経験を証明する書類 ※実務要件で取得する場合
	7	IT技術者の場合、資格の合格証書等 ※資格要件で取得する場合
	8	国際業務について3年以上の実務経験を証明する書類 ※国際業務の場合
	9	雇用契約書等の写し
	10	登記事項証明書（履歴事項全部証明書）
	11	前年分の職員の給与所得の源泉徴収票等の法定調書合計表の写し（税務署受付印または受付番号のあるもの）
	12	会社の概要がわかる案内書やHPの写し等
	13	直近の年度の決算文書の写し
	14	返信用封筒（簡易書留用の切手を貼付したもの）
カテゴリー4	1	在留資格認定証明書交付申請書
	2	証明写真（3cm×4cm）※3か月以内に撮影されたもの
	3	パスポートの写し（身分事項ページ）
	4	履歴書
	5	大学等の卒業証明書の写し ※学歴要件で取得する場合
	6	在職証明書等で実務経験を証明する書類 ※実務要件で取得する場合
	7	IT技術者の場合、資格の合格証書等 ※資格要件で取得する場合
	8	国際業務について3年以上の実務経験を証明する書類 ※国際業務の場合
	9	雇用契約書等の写し
	10	登記事項証明書（履歴事項全部証明書）
	11	前年分の職員の給与所得の源泉徴収票等の法定調書合計表を提出できない理由となる次のいずれかの資料 ⑴源泉徴収の免除を受ける機関の場合 外国法人の源泉徴収に対する免除証明書その他の源泉徴収を要しないことを明らかにする資料 ⑵上記⑴を除く企業の場合 ア）給与支払事務所等の開設届出書の写し（税務署受付印または受付番号のあるもの） イ）次のいずれかの資料 ・直近3か月分の給与所得・退職所得等の所得税徴収高計算書（領収日付印のあるものの写し） ・源泉所得税の納期の特例の承認に関する申請書の写し（税務署受付印または受付番号のあるもの）
	12	会社の概要がわかる案内書やHPの写し等
	13	直近の年度の決算文書または事業計画書
	14	返信用封筒（簡易書留用の切手を貼付したもの）

◎「技術・人文知識・国際業務」ビザの任意提出書類◎

1	雇用理由書（事業内容、採用の経緯、従事する業務、給与額などが記載されたもの）
2	事業所の写真（外観、事業所内部全体がわかるもの）
3	事業所見取図（机、椅子、PC、コピー機などの位置がわかるもの）
4	外国人本人の従事する業務を証明する資料（業務により取引先との契約書の写しや請求書など）
5	１日のスケジュール（始業から終業までどのような業務に従事するのかを記載したもの）
6	従業員リスト（外国人社員がいる場合、名前、在留カード番号、在留期限、従事している業務などを記載）
7	日本語能力試験認定結果および成績に関する証明書（日本語能力認定書）の写し

　以上のルールをもとに、「技術・人文知識・国際業務」の外国人を採用するときには、次のチェックリストを使って必要事項について確認するとよいでしょう。

◎採用時のチェックリスト◎

☐ 技術・人文知識・国際業務のいずれかの分野に従事しますか？

☐ それぞれの分野に必要な学歴・職歴・試験合格はありますか？

☐ 専攻と業務内容に関連性はありますか？

☐ 法令違反や素行に問題はありませんか？

↓

本人要件

2-4
在留資格「企業内転勤」の実務ポイント

在留資格の「企業内転勤」とは？

　海外に拠点のある会社が日本支社をつくった場合、海外に子会社がある場合など、海外拠点の人材を日本の本社・支社へ転勤させる場合には「企業内転勤」ビザを取得することができます。

---【企業内転勤が認められる転勤】---

- ●本社と支店・支社間の異動
- ●親会社と子会社間の異動
- ●親会社と孫会社間の異動
- ●子会社間の異動
- ●孫会社間の異動
- ●子会社と孫会社間の異動
- ●親会社から関連会社間の異動
- ●子会社と子会社の関連会社への異動

　企業内転勤ビザが、技術・人文知識・国際業務ビザと違う点は、**学歴要件がないこと**です。

　企業内転勤ビザの場合は、海外拠点で技術・人文知識・国際業務の業務を１年以上担当していることがビザ取得の要件となります。

「企業内転勤」の仕事内容

　企業内転勤ビザでは、技術・人文知識・国際業務の業務内容を行なうことができます。また、技術・人文知識・国際業務と同様に、エンジニアとして企業内転勤ビザで入国した後、配置転換などによって広報業務に従事するといったことも可能です。

　しかし、技術・人文知識・国際業務と同様に、単純作業などに従事することはできません。たとえば、海外支店が運営する飲食店の店舗業務に従事していた外国人を、日本本社の従業員として雇用し、

店舗業務に従事させるといったことはできません。

　企業内転勤ビザは、海外拠点において技術・人文知識・国際業務の業務内容に従事していた人材を転勤させることが目的となっています。

「企業内転勤」の許可条件

①海外にある本社や子会社などで1年以上勤務していること

　転勤というと、同一企業内での異動をいうことが多いと思いますが、企業内転勤ビザの場合は、親会社や子会社、関連会社などの系列企業内での出向も含まれます。

　関連会社とは、その会社の事業等の決定に関して重要な影響を与えることができること、すなわち株式の保有比率によります。単なる業務提携といった会社間での異動は認められません。

②海外にある本社や子会社などで技術・人文知識・国際業務の業務内容に従事していること

　海外にある本社や子会社で1年以上、技術・人文知識・国際業務の業務内容に従事していることが必要です。飲食店の調理などに従事している場合には認められません。

③転勤期間が決まっていること

　企業内転勤は、一定期間の転勤期間中に許可されるビザなので、無期限に日本で働くといったことを想定していません。したがって、海外拠点からの辞令書などによって、1年や3年等の転勤期間が定められていることが必要です。

　しかし、その辞令書の期間しか滞在できないわけではありません。転勤期間が延長される場合には、ビザの更新も認められることがあります。たとえば、来日時には3年間の転勤期間だったものの、後に辞令により追加で3年間、転勤期間が延長された場合は、新しい辞令書を提出してビザの更新許可申請を行ないます。

期限が決まっていない場合は、技術・人文知識・国際業務ビザを申請することとなります。

④日本人と同額以上の報酬であること

外国拠点の人材だからといって、低賃金で働かせることはできません。賃金水準は、日本で働く日本人と同額以上の給与を支払う必要があります。

ただし、報酬の支払いを日本の事業所で行なう必要はなく、海外拠点から給与などが送金されることも認められています。

⑤会社の適正性、安定性、継続性

会社が事業に必要な許可などを取得しているなど、適法に事業を行なうものでなければいけません。また、会社が安定しており、継続して事業を運営していけることが必要です。

特に、日本に新しい子会社や支社を置いた場合には、安定性・継続性を立証するのは難しいこともありますので、その場合には本社の規模や安定性を証明する資料を提出していくことも有効です。

「企業内転勤」ビザの申請書類

在留資格認定証明書交付申請を例にすると、申請時に必要となる書類は次ページのとおりです。カテゴリー3の8およびカテゴリー4の8の「日本法人と出向元外国企業との出資関係を証明する書類」とは、**日本法人の株主リストやグループ会社の組織図**といったものになります。

また、60ページのような任意書類を提出することも効果があります。

このような書類の他にも、申請後に外国人本人や企業を個別に審査していくなかで、担当審査官から追加で提出指示のあることも多く、結果が出るまでそのつど対応していくことが求められます。

◎「企業内転勤」ビザの申請時必要書類◎

カテゴリー1	1	在留資格認定証明書交付申請書
	2	証明写真（3cm×4cm）※3か月以内に撮影されたもの
	3	パスポートの写し（身分事項ページ）
	4	会社四季報の写しまたは日本の証券取引所に上場していることを証明する文書の写し その他カテゴリー1に該当することを証明する書類の写し
	5	返信用封筒（簡易書留用の切手を貼付したもの）

カテゴリー2	1	在留資格認定証明書交付申請書
	2	証明写真（3cm×4cm）
	3	パスポートの写し（身分事項ページ）
	4	前年分の職員の給与所得の源泉徴収票等の法定調書合計表の写し（税務署受付印または受付番号のあるもの） その他カテゴリー2に該当することを証明する書類の写し
	5	返信用封筒（簡易書留用の切手を貼付したもの）

カテゴリー3	1	在留資格認定証明書交付申請書
	2	証明写真（3cm×4cm）※3か月以内に撮影されたもの
	3	パスポートの写し（身分事項ページ）
	4	履歴書
	5	辞令等の写し　※同一法人内転勤の場合
	6	雇用契約書等の写し　※別法人に転勤する場合
	7	外国法人の支店の登記事項証明書（履歴事項全部証明書）※同一法人内転勤の場合
	8	日本法人と出向元外国企業との出資関係を証明する書類　※別法人に転勤する場合
	9	在職証明書等の勤務経験を証明する書類
	10	登記事項証明書（履歴事項全部証明書）　※別法人に転勤する場合
	11	前年分の職員の給与所得の源泉徴収票等の法定調書合計表の写し（税務署受付印または受付番号のあるもの）
	12	会社の概要がわかる案内書やHPの写し等
	13	直近の年度の決算文書の写し
	14	返信用封筒（簡易書留用の切手を貼付したもの）

カテゴリー4	1	在留資格認定証明書交付申請書
	2	証明写真（3cm×4cm）
	3	パスポートの写し（身分事項ページ）
	4	履歴書
	5	辞令等の写し　※同一法人内転勤の場合
	6	雇用契約書等の写し　※別法人に転勤する場合
	7	外国法人の支店の登記事項証明書（履歴事項全部証明書）※同一法人内転勤の場合
	8	日本法人と出向元外国企業との出資関係を証明する書類　※別法人に転勤する場合
	9	在職証明書等の勤務経験を証明する書類
	10	登記事項証明書（履歴事項全部証明書）　※別法人に転勤する場合
	11	前年分の職員の給与所得の源泉徴収票等の法定調書合計表を提出できない理由となる次のいずれかの資料 ⑴源泉徴収の免除を受ける機関の場合 外国法人の源泉徴収に対する免除証明書その他の源泉徴収を要しないことを明らかにする資料 ⑵上記⑴を除く企業の場合 ア）給与支払事務所等の開設届出書の写し（税務署受付印または受付番号のあるもの） イ）次のいずれかの資料 ・直近3か月分の給与所得・退職所得等の所得税徴収高計算書（領収日付印のあるものの写し） ・源泉所得税の納期の特例の承認に関する申請書の写し（税務署受付印または受付番号のあるもの）
	12	会社の概要がわかる案内書やHPの写し等
	13	直近の年度の決算文書または事業計画書
	14	返信用封筒（簡易書留用の切手を貼付したもの）

◎「企業内転勤」ビザの任意提出書類◎

1	雇用理由書（事業内容、採用の経緯、従事する業務、給与額などが記載されたもの）
2	事業所の写真（外観、事業所内部全体がわかるもの）
3	事業所見取図（机、椅子、PC、コピー機などの位置がわかるもの）
4	外国人本人の従事する業務を証明する資料（業務により取引先との契約書の写しや請求書など）
5	海外拠点の登記簿謄本
6	海外拠点の決算書の写し
7	海外拠点の事業内容を証明する資料

2-5

在留資格「技能」の実務ポイント

在留資格の「技能」とは？

技能ビザとは、外国料理の料理人やソムリエ、飛行機のパイロットなど熟練した技能をもつ外国人が取得できるビザです。

一定の業務について、経験の蓄積によって持ち合わせている能力を活かす仕事が対象です。

技能ビザの代表的な例は、外国料理の料理人です。範囲の広いビザとなるので、外国料理の料理人を例に説明したいと思います。

近年、中華料理やフランス料理、カレー屋さんやベトナム料理などさまざまな外国料理店が増えましたが、そのような外国料理のレストランで働く外国人料理人を呼び寄せるには技能ビザの取得が必要になります。

「技能」の仕事内容

フランス料理のシェフやタイ料理の料理人など、その道のプロといえる経験をもつ人が対象です。技能ビザで働くことができるのは、外国人料理人が各外国料理のプロだからです。

そのため、基本的に居酒屋や日本のラーメン屋、セントラルキッチンのあるチェーン店の店舗などで働くことはできません。

「技能」の許可条件

①企業と雇用契約等があること

就労ビザを取得したいと考えた場合、まず必要な条件は受入企業（手続き上は「所属機関」といいます）があることです。この雇用契約は、正社員としてではなく、契約社員としてでも可能です。

②熟練した技能がある

　外国人料理人として**10年以上の実務経験**が必要です。しかし、料理人だとしても、主に野菜の皮むきや野菜を切るといった特別な能力を必要としない機械的な作業や単純労働を行なっていた期間は、実務経験の対象とはなりません。

　この10年以上の経験を証明するためには、在職証明書や雇用証明書等を発行してもらう必要があります。転職している場合には、前勤務先での勤務期間と合算することも可能です。

　在職証明書には、会社名、料理店の名前、住所、電話番号、担当者を必ず記載してもらい、その外国人が従事していた業務内容とその期間を記載したものが必要です。

　技能ビザの場合、経歴の確認が厳しく行なわれています。出入国在留管理局からの電話確認や、国によっては前勤務先からも詳細な資料を求められることもあります。

⑤日本人と同額以上の報酬であること

　外国人だからといって、低賃金で働かせることはできません。日本人を採用するときと同額以上の給与を支払うことが必要です。

⑥会社の適正性、安定性、継続性があること

　会社が事業に必要な許可などを取得しているなど、適法に事業を行なうものでなければいけません。飲食店の場合、営業許可証を取得していることが前提となります。また、会社が安定しており、継続して事業を運営していけることが必要です。

「技能」ビザの申請書類

　在留資格認定証明書交付申請を例にすると、外国料理の調理師の場合の技能ビザの申請時必要書類は次ページのとおりです。

◎「技能」ビザの申請時必要書類◎

カテゴリー1	1	在留資格認定証明書交付申請書
	2	証明写真（3cm×4cm）※3か月以内に撮影されたもの
	3	パスポートの写し（身分事項ページ）
	4	会社四季報の写しまたは日本の証券取引所に上場していることを証明する文書の写しその他カテゴリー1に該当することを証明する書類の写し
	5	従事する業務の内容を証明する所属機関の文書
	6	技能を要する業務に従事した機関および内容ならびに期間を明示した履歴書
	7	返信用封筒（簡易書留用の切手を貼付したもの）
カテゴリー2	1	在留資格認定証明書交付申請書
	2	証明写真（3cm×4cm）※3か月以内に撮影されたもの
	3	パスポートの写し（身分事項ページ）
	4	前年分の職員の給与所得の源泉徴収票等の法定調書合計表の写し（税務署受付印または受付番号のあるもの）その他カテゴリー2に該当することを証明する書類の写し
	5	従事する業務の内容を証明する所属機関の文書
	6	技能を要する業務に従事した機関および内容ならびに期間を明示した履歴書
	7	返信用封筒（簡易書留用の切手を貼付したもの）
カテゴリー3	1	在留資格認定証明書交付申請書
	2	証明写真（3cm×4cm）※3か月以内に撮影されたもの
	3	パスポートの写し（身分事項ページ）
	4	技能を要する業務に従事した機関および内容ならびに期間を明示した履歴書
	5	在職証明書等の勤務経験を証明する書類 ※タイ料理人を除く（タイ料理人については別途資料が必要です）
	6	雇用契約書等の写し
	7	登記事項証明書（履歴事項全部証明書）
	8	前年分の職員の給与所得の源泉徴収票等の法定調書合計表の写し（税務署受付印または受付番号のあるもの）
	9	会社の概要がわかる案内書やHPの写し等
	10	直近の年度の決算文書の写し
	11	料理店の営業許可証の写し
	12	料理店のメニューの写し
	13	返信用封筒（簡易書留用の切手を貼付したもの）
カテゴリー4	1	在留資格認定証明書交付申請書
	2	証明写真（3cm×4cm）※3か月以内に撮影されたもの
	3	パスポートの写し（身分事項ページ）
	4	業務に従事した機関および内容ならびに期間を明示した履歴書
	5	在職証明書等の勤務経験を証明する書類 ※タイ料理人を除く（タイ料理人については別途資料が必要です）
	6	雇用契約書等の写し
	7	登記事項証明書（履歴事項全部証明書）
	8	前年分の職員の給与所得の源泉徴収票等の法定調書合計表を提出できない理由となる次のいずれかの資料 ⑴源泉徴収の免除を受ける機関の場合 外国法人の源泉徴収に対する免除証明書その他の源泉徴収を要しないことを明らかにする資料 ⑵上記⑴を除く企業の場合 ア）給与支払事務所等の開設届出書の写し（税務署受付印または受付番号のあるもの） イ）次のいずれかの資料 ・直近3か月分の給与所得・退職所得等の所得税徴収高計算書（領収日付印のあるものの写し） ・源泉所得税の納期の特例の承認に関する申請書の写し（税務署受付印または受付番号のあるもの）
	9	会社の概要がわかる案内書やHPの写し等
	10	直近の年度の決算文書または新規設立の場合、事業計画書
	11	料理店の営業許可証の写し
	12	料理店のメニューの写し
	13	返信用封筒（簡易書留用の切手を貼付したもの）

2章 外国人の雇用に必要な「在留資格」の実務ガイド

2-6

「高度専門職」に関する実務ポイント

「高度専門職」とは？

　高度専門職とは、高度人材とも呼ばれ、技術・人文知識・国際業務や研究、経営・管理といった一定の就労ビザに当てはまる外国人のうち、より高度なスキルをもつと認められた場合に許可されるビザです。

　高度専門職の判断は、「ポイント制」となっています。高度専門職ポイント計算表の該当**ポイントの合計が70点以上**の場合に、高度専門職ビザが許可されます。

　近年、技術・人文知識・国際業務を高度人材と呼ぶこともあるようですが、ビザの手続き関係においての高度人材とは、この高度専門職のことを指し、技術・人文知識・国際業務などの上位資格という位置づけとなっています。

高度専門職ビザにはさまざまな優遇措置がある

①副業などができる

　業務に関連した会社を設立・経営することなどの副業も可能です。

②ビザの期間「5年」が許可される

　通常の就労ビザは、1年からのスタートが多いところ、高度専門職は初めから5年間の期間が許可されます。

③永住許可が滞在3年または1年で認められる

　通常の就労ビザ等では、永住許可の日本滞在要件として10年間の滞在が求められるところ、高度専門職の場合は、**70点の人は3年、80点の人は1年**の滞在で要件を満たします。

　高度専門職ビザに変更しなくても、３年前・１年前から高度専門職に当てはまっていたことを立証できれば、技術・人文知識・国際業務等ビザのままでも永住許可申請が可能です。

④配偶者もフルタイムで働くことが可能

　通常、教育ビザや技術・人文知識・国際業務ビザなどの業務を行なう場合、学歴や職歴などの一定の要件を満たしてビザを取得する必要がありますが、高度専門職ビザの配偶者の場合には、学歴や職歴などの要件を満たさない場合でも、これらのビザの業務を行なうことができます。

⑤一定の条件下で親を呼び寄せることができる

　以下のような条件で、本国の親を呼び寄せることが可能です。

（１）世帯年収800万円以上

（２）高度専門職外国人と同居

（３）７歳未満の子または妊娠中の配偶者をサポート

（４）高度専門職外国人またはその配偶者のどちらかの親に限る

⑥一定の条件下で家事使用人を呼び寄せることができる

　以下のような条件で、家事使用人を呼び寄せる（雇用する）ことが可能です。

（１）本国で雇用していた家事使用人を引き続き雇用する場合（ともに入国する場合）

●高度専門職外国人の世帯年収が1,000万円以上

●家事使用人は１名まで

●家事使用人に月額20万円以上の報酬を支払うこと

●日本入国前に１年以上、高度専門職外国人に雇用されていた人であること　など

（２）上記（１）以外の家事使用人を雇用する場合

●高度専門職外国人の世帯年収が1,000万円以上

◎「高度専門職ポイント計算表」◎

《ポイント計算表》

	高度学術研究分野	高度専門・技術分野	高度経営・管理分野
学 歴	博士号（専門職に係る学位を除く。）取得者 30		博士号又は修士号取得者（注7） 20
	修士号（専門職に係る博士を含む。）取得者 20	修士号（専門職に係る博士を含む。）取得者（注7） 20	
	大学を卒業し又はこれと同等以上の教育を受けた者（博士号又は修士号取得者を除く。）10		
	複数の分野において、博士号、修士号又は専門職学位を複数有している者 5		
職 歴（実務経験）（注1）	10年～ 20	10年～ 20	10年～ 25
	7年～ 15	7年～ 15	7年～ 20
	5年～ 10	5年～ 10	5年～ 15
	3年～ 5	3年～ 5	3年～ 10
年 収（注2）	年齢区分に応じ、ポイントが付与される年収の下限を異なるものとする。詳細は②参照 40／10		3,000万～ 50
			2,500万～ 40
			2,000万～ 30
			1,500万～ 20
			1,000万～ 10
年 齢	～29歳 15	～29歳 15	
	～34歳 10	～34歳 10	
	～39歳 5	～39歳 5	
ボーナス①〔研究実績〕	詳細は③参照 25～20	詳細は③参照 15	
ボーナス②〔地位〕			代表取締役、代表執行役 10
			取締役、執行役 5
ボーナス③		職務に関連する日本の国家資格の保有（1つ5点）10	
ボーナス④	イノベーションを促進するための支援措置（法務大臣が告示で定めるもの）を受けている機関における就労（注3）10		
ボーナス⑤	試験研究費等比率が3％超の中小企業における就労 5		
ボーナス⑥	職務に関連する外国の資格等 5		
ボーナス⑦	本邦の高等教育機関において学位を取得 10		
ボーナス⑧	日本語能力試験N1取得者（注4）又は外国の大学において日本語を専攻して卒業した者 15		
ボーナス⑨	日本語能力試験N2取得者（注5）（ボーナス⑦又は⑧のポイントを獲得したものを除く。）10		
ボーナス⑩	成長分野における先端的事業に従事する者（法務大臣が認める事業に限る。）10		
ボーナス⑪	法務大臣が告示で定める大学を卒業した者 10		
ボーナス⑫	法務大臣が告示で定める研修を修了した者（注6）5		
ボーナス⑬			経営する事業に1億円以上の投資を行っている者 5
ボーナス⑭			投資運用業等に係る業務に従事 10
合格点 70			

①最低年収基準

高度専門・技術分野及び高度経営・管理分野においては、年収300万円以上であることが必要

②年収配点表

	～29歳	～34歳	～39歳	40歳～
1,000万	40	40	40	40
900万	35	35	35	35
800万	30	30	30	30
700万	25	25	25	—
600万	20	20	20	—
500万	15	15	—	—
400万	10	—	—	—

③研究実績

	高度学術研究分野	高度専門・技術分野
特許の発明 1件～	20	15
入国前に公的機関からグラントを受けた研究に従事した実績 3件～	20	15
研究論文の実績については、我が国の国の機関において利用されている学術論文データベースに登録されている学術雑誌に掲載されている論文（申請人が責任著者であるものに限る。）3本～	20	15
上記の項目以外で、上記項目において同等の研究実績があると申請人がアピールする場合（著名な賞の受賞歴等）、関係行政機関の長の意見を聴いた上で法務大臣が個別にポイントの付与の適否を判断	20	15

※高度学術研究分野については、2つ以上に該当する場合には25点

（注1）従事しようとする業務に係る実務経験に限る。
（注2）※1 主たる受入機関から受ける報酬の年額
※2 海外の機関からの転勤の場合には、当該機関から受ける報酬の年額を算入
※3 賞与（ボーナス）も年収に含まれる。
（注3）就労する機関が中小企業である場合には、別途10点の加点
（注4）同等以上の能力を試験（例えば、BJTビジネス日本語能力テストにおける480点以上の得点）により認められている者も含む。
（注5）同等以上の能力を試験（例えば、BJTビジネス日本語能力テストにおける400点以上の得点）により認められている者も含む。
（注6）本邦の高等教育機関における研修については、ボーナス⑦のポイントを獲得した者を除く。
（注7）経営管理に関する専門職学位（MBA、MOT）を有している場合には、別途5点の加点

（出典：法務省入国管理局リーフレットより）

- 家事使用人は１名まで
- 家事使用人に月額20万円以上の報酬を支払うこと
- 申請の時点で、13歳未満の子または病気等により日常の家事に従事することができない配偶者がいること　など

（３）投資運用業等に従事する金融人材が家事使用人を雇用する場合

- 金融人材の世帯年収が1,000万円以上
- 家事使用人は２名まで。２名の場合、世帯年収は3,000万円以上必要
- 家事使用人に月額20万円以上の報酬を支払うこと

⑦入国・在留手続きの優先処理

　高度専門職に当たる外国人のビザの審査は、通常のビザよりも優先的に早期処理を行なうとされています。ただし、申請時期や個別事情によって審査期間は異なります。

　このように、通常の就労ビザでは認められないことが高度専門職には認められています。

　高度人材の審査はポイント制で行なわれ、外国人本人と受入企業についてそれぞれポイントが決められています。たとえば、海外の大学院を卒業し、修士の学位をもつ外国人で（20点）、職歴が３年以上（５点）、年収が900万円以上（35点）、年齢が32歳（10点）、日本語能力試験Ｎ２合格（10点）の場合だと合計80点となります。

　なお、高度専門職の場合、年収が300万円以上という最低年収要件があります。

高度専門職１号・２号とは？

　高度専門職に必要なポイントをクリアすると、高度専門職１号（イ・ロ・ハのいずれか）が許可されます。ポイントが70点であっても80点であっても、高度専門職１号は変わりません。ポイントの違いは、許可時に交付される計算結果通知書で証明されます。

◎「高度専門職ポイント計算表」の記載例◎

高度専門職ポイント計算表（高度専門職第1号ロ・高度専門職第2号）

「出入国管理及び難民認定法別表第一の二の表の高度専門職の項の下欄の規定に基づき，出入国管理及び難民認定法別表第一の二の表の高度専門職の項の下欄の基準を定める省令」第1条第2号の規定に基づき，ポイントの自己計算を行ったので提出します。

項目	基準	チェック	点数	疎明資料
学歴 （注1）	博士学位（専門職学位を除く）	□	30	①
	経営管理に関する専門職学位（MBA, MOT）を保有	□	25	
	修士又は専門職学位	■	20	
	大卒又はこれと同等以上の教育（博士，修士を除く）	□	10	
	複数の分野における2以上の博士若しくは修士の学位又は専門職学位（注2）	□	5	

（注1）最終学歴が対象となります（例えば，博士と修士の両方の学位を有している場合は，30点です。）。
（注2）学位の組み合わせを問わず，専攻が異なることが分かる資料（学位記又は学位証明書で確認できない場合は，成績証明書）を提出して下さい。

項目	基準	チェック	点数	疎明資料
職歴	従事しようとする業務に係る実務経験			②
	10年以上	□	20	
	7年以上10年未満	□	15	
	5年以上7年未満	□	10	
	3年以上5年未満	■	5	

項目	30歳未満	30～34歳	35～39歳	40歳以上	チェック	点数	疎明資料
年収 （注）	1,000万円以上	1,000万円以上	1,000万円以上	1,000万円以上	□	40	③
	900 ～ 1,000万円	900 ～ 1,000万円	900 ～ 1,000万円	900 ～ 1,000万円	■	35	
	800 ～ 900万円	800 ～ 900万円	800 ～ 900万円	800 ～ 900万円	□	30	
	700 ～ 800万円	700 ～ 800万円	700 ～ 800万円	—	□	25	
	600 ～ 700万円	600 ～ 700万円	600 ～ 700万円	—	□	20	
	500 ～ 600万円	500 ～ 600万円	—	—	□	15	
	400 ～ 500万円	—	—	—	□	10	

（注）年収が300万円に満たないときは，他の項目の合計が70点以上でも，高度専門職外国人としては認められません。

項目	基準	チェック	点数	疎明資料
年齢	申請の時点の年齢			
	30歳未満	□	15	
	30～34歳	■	10	
	35～39歳	□	5	

項目	基準	チェック	点数	疎明資料
研究 実績	発明者として特許を受けた発明が1件以上	□	15	④
	外国政府から補助金，競争的資金等を受けた研究に3回以上従事	□		⑤
	学術論文データベースに登載されている学術雑誌に掲載された論文が3本以上 ※責任著者であるものに限る	□		⑥
	その他法務大臣が認める研究実績	□		⑦

項目	基準	チェック	点数	疎明資料
資格	従事しようとする業務に関連する日本の国家資格（業務独占資格又は名称独占資格）を保有，又はIT告示に定める試験に合格し若しくは資格を保有	○ 1つ保有	5	⑧
		○ 複数保有	10	

項目	基準	チェック	点数	疎明資料
特別 加算	契約機関			
	Ⅰ イノベーション促進支援措置を受けている	□	10	⑨
	Ⅱ Ⅰに該当する企業であって，中小企業基本法に規定する中小企業者	□	10	⑩
	Ⅲ 国家戦略特別区域高度人材外国人受入促進事業の対象企業として支援を受けている	□	10	⑪

	内容	☐	点	№
特別加算（続き）	契約機関が中小企業基本法に規定する中小企業者で，試験研究費及び開発費の合計金額が，総収入金額から固定資産若しくは有価証券の譲渡による収入金額を控除した金額（売上高）の3％超 試験研究費等 ＿＿＿＿＿＿＿ 円　＝　　　　％ 売上高 　　　　　　円	☐	5	⑩⑫
	従事しようとする業務に関連する外国の資格，表彰等で法務大臣が認めるものを保有	☐	5	⑬
	日本の大学を卒業又は大学院の課程を修了	☐	10	⑭
	日本語能力			
	Ⅰ　日本語専攻で外国の大学を卒業又は日本語能力試験N1合格相当	☐	15	⑮
	Ⅱ　日本語能力試験N2合格相当 ※⑭（日本の大学を卒業又は大学院の課程を修了）及びⅠに該当する者を除く	■	10	
	各省が関与する成長分野の先端プロジェクトに従事	☐	10	⑯
	以下のいずれかの大学を卒業（注）			
	Ⅰ　以下のランキング2つ以上において300位以内の外国の大学又はいずれかにランクづけされている本邦の大学 　☐ QS・ワールド・ユニバーシティ・ランキングス　　　　　位 　　（クアクアレリ・シモンズ社（英国）） 　☐ THE・ワールド・ユニバーシティ・ランキングス　　　　位 　　（タイムズ社（英国）） 　☐ アカデミック・ランキング・オブ・ワールド・ユニバーシティズ　　　位 　　（上海交通大学（中国））	☐	10	⑰
	Ⅱ　文部科学省が実施するスーパーグローバル大学創成支援事業（トップ型及びグローバル化牽引型）において，補助金の交付を受けている大学	☐		
	Ⅲ　外務省が実施するイノベーティブ・アジア事業において，「パートナー校」として指定を受けている大学	☐		
	（注）⑭（日本の大学を卒業又は大学院の課程を修了）と重複して加算することが認められています。			
	外務省が実施するイノベーティブ・アジア事業の一環としてJICAが実施する研修を修了したこと　（注）	☐	5	⑱
	（注）・イノベーティブ・アジア事業の一環としてJICAが実施する研修であって，研修期間が1年以上のものを修了した者が対象となります。なお，JICAの研修修了証明書を提出した場合，学歴及び職歴等を証明する資料は，原則として提出する必要はありませんが，②（職歴）のポイントを加算する場合には，別途疎明資料が必要です。 ・本邦の大学又は大学院の授業を利用して行われる研修に参加した場合，⑭（日本の大学を卒業又は大学院の課程を修了）と重複して加算することは認められません。			
	投資運用業等に係る業務に従事	☐	10	㉑
		合計	80	

※永住許可申請時のみ，該当部分にチェックして下さい。
　このポイント計算表は，☐　今回の申請時のポイントです。
　　　　　　　　　　　☐　今回の申請から1年前のポイントです。
　　　　　　　　　　　☐　今回の申請から3年前のポイントです。

以上の記載内容は事実と相違ありません。
申出人又は出入国管理及び難民認定法第7条の2に基づき法務省令で定める代理人の署名／作成年月日

署名　　○○○○　　　　　　　　作成年月日　　20XX　年　XX　月　XX　日

「イ」は研究職など、「ロ」は技術・人文知識・国際業務の人材、「ハ」は経営者などが該当します。企業で働く高度専門職の場合、多くは「高度専門職１号（ロ）」となります。

　高度専門職１号は、ビザの期間が５年間となっていますが、高度専門職となってから３年以上経過すると、高度専門職２号に移行することができます。

　１号と２号の違いは、**ビザの期限があるか・ないか**です。

　１号はビザの期間が５年間、更新する場合にはまた５年間となっていますが、２号の場合にはビザの期限はありません。ビザの期限がないということは永住許可のようなものですが、では、永住許可と高度専門職２号は何が違うのでしょうか。

　高度専門職を取得したいと考える外国人は、永住許可の滞在要件緩和を一番の目的としていることが多く、就労ビザの場合、通常であれば10年間の日本滞在が必要となりますが、高度専門職の場合は、ポイントによって３年間または１年間の滞在で永住許可の日本滞在要件を満たします。

　しかし、永住者となってしまうと、高度専門職のときに認められていた優遇措置（親との同居や家事使用人の雇用）が享受できないといった問題があります。さらに、高度専門職外国人は資産が多い人も多く、永住者となってしまうと、本国などへの帰国時に国外転出時課税制度（いわゆる出国税）が適用されてしまう懸念があります。永住許可をもっているにもかかわらず、わざわざ就労ビザへ変更する人もいるほどです。

　そうしたさまざまなニーズをもつ外国人もいるため、永住許可と同時に高度専門職２号への移行の道も選択肢に入れることをお勧めします。

　高度専門職１号の在留資格認定証明書交付申請をする場合の必要書類は次ページのとおりです。ただし、これらすべての書類を用意するのではなく、該当するポイントを証明する書類を提出すれば十分です。

◎「高度専門職1号」の申請時必要書類◎

基本資料	1	在留資格認定証明書交付申請書
	2	証明写真（3cm×4cm）※3か月以内に撮影されたもの
	3	パスポートの写し（身分事項ページ）
	4	高度専門職ポイント計算表
	5	受入企業のカテゴリーを証明する書類（前年分の職員の給与所得の源泉徴収票等の法定調書合計表の写しなど）
	6	返信用封筒（簡易書留用の切手を貼付したもの）
ポイントを証明する書類	7	学歴を証明する卒業証明書および学位証明書（23を提出する場合は提出不要）
	8	実務経験を証明する書類（勤務先作成の在職証明書や前勤務先からの雇用証明書など）
	9	年収を証明する書類（雇用契約書の写しなど）
	10	発明者として特許を受けたことを証明する書類（本人の氏名が明記されている特許証の写しなど）
	11	入国前に外国政府から補助金、競争的資金その他の金銭の給付を受けた研究に3回以上従事したことを証明する書類（本人の氏名が明記されている交付決定書の写しなど）
	12	学術論文データベースに登録されている学術雑誌に掲載された論文が3本以上あることを証明する書類（論文のタイトル、著者氏名、掲載雑誌名、掲載巻・号、掲載ページ、出版年を記載した文書）※本人が責任著者であるものに限る。
	13	法務大臣が認める研究実績を証明する書類
	14	業務に関連する日本の国家資格（業務独占資格または名称独占資格）を保有またはIT告示に定める試験に合格・資格を保有することを証明する文書（合格証明書の写しなど）
	15	契約企業がイノベーションを促進するための支援措置を受けていることを証明する書類（補助金交付決定通知書の写しなど）
	16	契約企業が中小企業基本法に規定する中小企業者であることを証明する書類 1．主たる事業を確認できる会社のパンフレット等 2．次のいずれかの文書 ①資本金の額または出資の総額を証する次のいずれかの文書 ア）法人の登記事項証明書 イ）決算文書の写し ウ）資本金額、出資総額が確認可能な定款の写し ②雇用保険、労働保険、賃金台帳の写し等従業員数を証する文書
	17	契約企業が国家戦略特別区域高度人材外国人受入促進事業の対象として支援を受けていることを証明する書類（国家戦略特別区域高度人材外国人受入促進事業認定企業証明書の写しなど）
	18	契約企業が中小企業基本法に規定する中小企業者で、在留資格認定証明書交付申請等の申請日の属する年の前1年間（申請日が1月から3月の場合は前々年）における試験研究費および開発費の合計金額が、事業所得にかかる総収入金額の3％を超えることを証明する次のいずれかの書類 1．試験研究費等および事業所得にかかる総収入金額等が記載された財務諸表の写し 2．事業所得にかかる総収入金額等が記載された公的な書類（財務諸表、確定申告書の控え等）の写し、帳簿の写し（試験研究費にあたる個所に蛍光ペン等で目印を付与）、試験研究費等の内訳をまとめた一覧表 3．税理士、公認会計士、中小企業診断士による証明書（書式自由）
	19	業務に関連する外国の資格、表彰等で法務大臣が認めるものを保有していることを証明する書類
	20	日本語能力試験認定結果および成績に関する証明書（日本語能力認定書）の写し
	21	各省が関与する成長分野の先端プロジェクトに従事していることを証明する書類（当該事業に関する補助金交付通知書の写しおよび当該プロジェクトに従事している旨の説明資料など）
	22	以下のいずれかの大学を卒業していることを証明する書類 1．大学格付3機関（クアクアレリ・シモンズ社（英国），タイムズ社（英国），上海交通大学（中国））の大学ランキングのうち2つ以上において300位以内の外国の大学またはいずれかにランクづけされている本邦の大学 2．文部科学省が実施するスーパーグローバル大学創成支援事業（トップ型およびグローバル化牽引型）において，補助金の交付を受けている大学 3．外務省が実施するイノベーティブ・アジア事業において，「パートナー校」として指定を受けている大学
	23	外務省が実施するイノベーティブ・アジア事業の一環としてJICAが実施する研修を修了していることを証明するJICAが発行する研修修了証明書（同証明書が提出された場合、本人の学歴および職歴その他の経歴等を証明する資料は原則として提出を求めない）
	24	投資運用業等に係る業務に従事することを証明する書類 1．本人の契約企業の金融商品取引法第28条第2項に規定する第二種金融商品取引業、同条第3項に規定する投資助言・代理業または同条第4項に規定する投資運用業に係る登録済通知書の写しなど 2．本人が上記のいずれかの業務に従事することを説明する資料（参考様式）

在留資格「特定技能」の実務ポイント

🧑 在留資格の「特定技能」とは？

　特定技能ビザとは、日本国内の人手不足を補うため、いままで認められなかった単純作業などの一般労働を含めた業務に従事することができる就労ビザです。

　技能実習生と比較されることが多い特定技能ビザですが、技能実習生は技術等の移転による国際貢献を目的にしているのに対し、特定技能は**人手不足の解消**という目的をしっかりと明示しており、労働力の確保を主目的としている点が大きく異なります。

　人手不足の解消を目的としているため、基本的に企業の受入人数に制限はなく、転職も可能となっている点が技能実習とは異なります（制限のある業種もあります）。

　しかし、この特定技能ビザについては、通常の就労ビザでは求められていない**企業に対する義務や手続き**が定められています。通常の就労ビザよりも責任をもって外国人を雇用することを求められる就労ビザとなっています。

🧑 「特定技能」の仕事内容

　特定技能ビザを取得できる産業として、現在14の業種が認められており、業種によって従事できる業務内容が決まっています。

　特定技能ビザを取得できる産業と業務内容は次ページのとおりです。

　この他にも、関連業務として、業務の一環として通常求められる業務には付随的に従事することができます。

◎特定技能ビザを取得できる産業◎

産業分野	業務内容
介護	・身体介護等（利用者の心身の状況に応じた入浴、食事、排せつの介助等）のほか、これに付随する支援業務（レクリエーションの実施、機能訓練の補助等） ※訪問系サービスは対象外
ビルクリーニング	・建築物内部の清掃
素形材産業	・鋳造　・工場板金　・機械検査 ・鍛造　・めっき　・機械保全 ・ダイカスト　・アルミニウム陽極酸化処理　・塗装 ・機械加工　　　・溶接 ・金属プレス加工　・仕上げ
産業機械製造業	・鋳造　・工場板金　・電子機器組立て ・鍛造　・めっき　・電気機器組立て ・ダイカスト　・仕上げ　・プリント配線板製造 ・機械加工　・機械検査　・プラスチック成形 ・塗装　・機械保全　・金属プレス加工 ・鉄工　・工業包装　・溶接
電気・電子情報関連産業	・機械加工　・機械保全　・塗装 ・金属プレス加工　・電子機器組立て　・溶接 ・工場板金　・電気機器組立て　・工業包装 ・めっき　・プリント配線板製造 ・仕上げ　・プラスチック成形
建設	・型枠施工　・屋根ふき　・とび ・左官　・電気通信　・建築大工 ・コンクリート圧送　・鉄筋施工　・配管 ・トンネル推進工　・鉄筋継手　・建築板金 ・建設機械施工　・内装仕上げ　・保温保冷 ・土工　　　／表装　・吹付ウレタン断熱 ・海洋土木工
造船・舶用工業	・溶接　・仕上げ ・塗装　・機械加工 ・鉄工　・電気機器組立て
自動車整備	・自動車の日常点検整備、定期点検整備、分解整備
航空	・空港グランドハンドリング（地上走行支援業務、手荷物・貨物取扱業務等） ・航空機整備（機体、装備品等の整備業務等）
宿泊	・フロント、企画・広報、接客、レストランサービス等の宿泊サービスの提供
農業	・耕種農業全般（栽培管理、農産物の集出荷・選別等） ・畜産農業全般（飼養管理、畜産物の集出荷・選別等）
漁業	・漁業（漁具の製作・補修、水産動植物の探索、漁具・漁労機械の操作、水産動植物の採捕、漁獲物の処理・保蔵、安全衛生の確保等） ・養殖業（養殖資材の製作・補修・管理、養殖水産動植物の育成管理・収穫（穫）・処理、安全衛生の確保等）
飲食料品製造業	・飲食料品製造業全般（飲食料品（酒類を除く）の製造・加工、安全衛生）
外食業	・外食業全般（飲食物調理、接客、店舗管理）

特定技能人材に求められる試験要件

　特定技能人材の試験要件として、それぞれの業務分野において、①特定技能試験に合格していることおよび日本語試験に合格していること、または②技能実習２号を良好に修了していること（技能実習生として３年間滞在していること）が求められます。

◎特定技能人材の試験要件◎

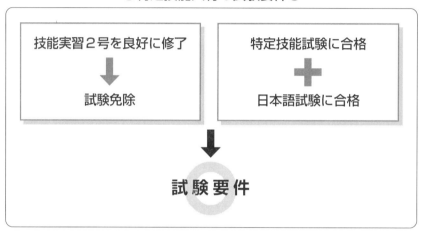

　技能実習３年間を修了し、特定技能に移行できる職種であれば、技能実習の業務と関連する業務に従事する場合の特定技能試験が免除されます。

　特定技能試験は、特定の業種・業務について有効なものです。たとえば、外食業の技能試験に合格した場合、外食業の特定技能人材として働くことができますが、宿泊業の業務を行なう条件を満たしていることにはなりません。宿泊業の特定技能人材で働くには、宿泊業の技能試験に合格する必要があります。

 企業には特定技能人材への支援が義務づけられている

　特定技能では、その他のビザと違い、外国人に対して以下のよう

な支援を行なうことが義務づけられています。支援にかかる費用は、受入企業が負担しなければなりません。

①事前ガイダンス

雇用契約の際に、その内容について特定技能外国人が十分に理解できる言語で下記内容を伝えることが必要です。

- **労働条件について**…給与、勤務時間などについて説明します。
- **業務内容について**…特定技能1号で定められている業務内容などについて説明します。
- **入国・在留手続きについて**…入国のために必要な手続きについて説明をします。国内在住者の場合には、ビザの手続きについて説明します。
- **保証金の有無について**…特定技能ビザについて、保証金を必要としていないこと、今後もそうした契約をしないことを説明します。

②出入国する際の送迎

特定技能外国人の入国時および出国時に空港まで送り届けることが求められます。

③住居確保・生活に必要な契約支援

受入企業等が必要に応じて住居の連帯保証人になることや緊急連絡先となることが求められます。会社の寮や借上住居も可能です。居室の広さは1人あたり7.5㎡以上の広さが求められます。その他、銀行口座の開設や携帯電話の契約などについて支援する必要があります。

④生活オリエンテーション

日本生活を円滑に行なうことができるよう、金融機関や医療機関、交通機関の利用方法、災害時の対応や日本生活に必要なマナーやルールなどを伝える必要があります。

⑤公的手続き等への同行

　役所での手続きが必要となった場合は、同行して支援することが求められます。

⑥日本語学習の機会の提供

　日本語教室の情報提供、日本語学習教材の情報提供等を行なう必要があります。

⑦相談・苦情への対応

　仕事上の悩みや苦情、生活についての相談に対して助言等を行なうことが必要です。

⑧日本人との交流促進

　近所で行なわれるお祭りや、地域住民との交流の場を案内するなど、日本の文化や風習などに触れ合う機会をつくることが必要です。

⑨転職支援（受入企業の都合による転職）

　受入企業の都合によって、雇用契約を解除する場合は、転職先をサポートする、推薦状を作成するなどの支援が必要です。受けることができる行政手続きの情報提供も必要です。

⑩定期面談、行政機関への通報

　３か月に１回以上、支援責任者が外国人等と面談し、法令違反等がないかを確認します。もし違反がある場合は、通報を行なう義務があります。

「特定技能」の許可要件

①認められた産業分野で行なう対象業務であること

　すべての産業で特定技能が許可されるわけではありません。特定技能人材の受入れを認められている産業分野であること、行なう業

務が対象業務であることが必要です。

②外国人本人が必要な要件を満たしていること

（1）18歳以上

（2）健康状態が良好

（3）特定技能試験に合格していること（技能実習から移行の場合は免除）

（4）日本語試験に合格していること（技能実習から移行の場合は免除）

（5）特定技能ビザで通算5年以上、滞在していないこと

（6）ビザの変更の場合は、法令違反や納税義務を怠っていないこと　など

③受入企業が必要な条件を満たしていること

（1）労働・社会保険、租税に関する法令を遵守していること

（2）特定技能人材と同種の業務に従事していた労働者を非自発的に辞めさせていないこと

（3）受入企業の責任で外国人の行方不明者を発生させていないこと

（4）特定技能で定める欠格自由に当たらないこと

（5）業種別に定められた協議会に加盟すること　など

　なお、業種別にもそれぞれ要件が定められています。

④契約が適正であること

（1）労働関係法令に適合している契約であること

（2）所定労働時間が通常の労働者と同等であること

（3）日本人が従事する場合と同等以上の報酬であること

（4）待遇について差別的な取扱いをしないこと

（5）一時帰国を希望した場合には必要な有給休暇を取得させること　など

⑤**外国人を支援する体制があり、支援計画が適切であること**

　特定技能に求められている外国人に対する支援の体制があることが必要です。

　特定技能人材に対する支援計画を作成することが求められますが、その内容も適切であることが求められます。前述記載の支援が必要です。

　受入企業は、支援計画に沿って必要な支援を実施しなければなりませんが、これらの支援業務について、自社で行なう他に、外部の登録支援機関に支援を委託することもできます。

⑥**国別に定められた必要手続きを行なうこと**

　フィリピン、カンボジア、ネパール、ミャンマー、インドネシア、ベトナム、バングラデシュ、ウズベキスタン、パキスタン、タイ、インド国籍などの特定技能人材を雇用する場合は、大使館から推薦者表の取得や申請、そして本国での労働許可証の取得など、それぞれの国別に定められた手続きが必要となります。

　なお、出入国在留管理庁のホームページで「特定技能に関する各国別情報」ページに、国別の手続きフローチャートが掲載されています。

　また、たとえば「在留資格認定証明書交付申請書」に係る申請時必要書類についても、出入国在留管理庁のホームページから確認することができます。

3章

外国人労働者を採用するときに注意すべきこと

執筆◎松村 麻里

3-1

外国人労働者の募集のしかた

外国人労働者の採用の流れはどうなっている？

外国人労働者を採用するには、日本人を採用するときとは違う視点が必要です。そこで、この章でどのように募集・選考していけばよいのか確認していきましょう。

まず、外国人労働者を採用する流れは下図のようになっています。

◎外国人労働者を採用する流れ◎

どのような人材を望んでいるのか明確にする

外国人を雇用するといっても、出身地域によって、また職種によって、スキルも個性もさまざまです。まずは、どのような人材を募集するのか明確にすることが大切です。

日本語の能力は必要か、必要だとしたらどの程度のレベルが必要なのか、日本語でのコミュニケーションが取れればよいのか、漢字を含めた日本語の読み書きも必要か、日本語は喋れなくても仕事のスキル、センスがあればよいのか、など日本人とは異なる軸が必要

となります。

経営者は、よく「どの国の外国人がよいか」「親日の国だからよいか」といった出身国で採用を検討していることがあると思います。

しかし、**出身はあくまでもひとつの判断基準**に過ぎません。日本人でもよい人もいればそうでない人もいます。親日の国とされていても、思ったような人材が採用できるとは限りません。どのような人材を望むのかにおいて、出身は色眼鏡となってしまう可能性があるので気をつけてほしいところです。

お互いのミスマッチを防ぐためにも、採用前に求める人材像をはっきりさせておくことから始めましょう。

外国人の転職の考え方

新卒採用が一般的な日本ですが、**外国人は転職にポジティブである**ため、中途採用も事業の発展に期待できます。

日本企業は、転職が多い応募者については、よい印象を抱くことは少ないと思いますが、外国人は昇給や昇進といったことに重きを置く人も多く、優秀な人材ほどよりよい条件を求めたステップアップの転職が多い傾向にあります。したがって、転職回数が多いことをマイナスととらえると、優秀な人材を逃してしまう可能性もあります。

自社から転職する外国人についても、マイナスの印象を抱いて辞めていくとは限りません。転職については、大らかな対応ができるとチャンスが広がります。

どうやって外国人を募集する？

外国人を採用したいと考えた場合、どのようにして募集活動をすればよいのでしょうか。

外国人の求人については、どのような人材を求めるか、フルタイム採用かアルバイト採用か、専門スキルが必要な業務かそれ以外かによって適切な採用活動が異なると考えられます。

外国人の募集活動には、以下のような方法があります。

①教育機関への求人募集

留学生の多い学校へ求人募集を出すという方法です。

大学から専門学校、日本語学校まで、求める人物像に応じて募集をかける方法です。

②合同就職説明会へ出展

留学生向け、外国人向けの合同就職説明会などに出展するという方法です。

特に、留学生のような日本語能力のある人材を求める場合には有効です。

③ハローワーク等の公的機関へ求人募集

ハローワークなどへも、外国人の求人を出すことができます。

外国人側も、ハローワークのような公的機関で募集している企業については、安心感をもって応募できるという印象があるようです。

外国人に特化した公的機関のサービスや、外国人雇用サービスセンターなどもあります。

④人材紹介会社（有料職業紹介業者）を利用する

近年増えている外国人に特化した紹介会社を利用する採用です。

紹介会社で一度スクリーニングを行なっているため、自社で採用を行なうよりもミスマッチが少なく、自社の時間的・人的コストが少なくなることが期待されます。

⑤派遣会社から派遣採用をする

派遣会社から派遣される形で雇用する方法です。

人材紹介会社と同様に派遣会社でもスクリーニングを行なっているため、自社で採用活動を行なうよりもミスマッチが少なく、時間

的・人的コストも少なくなることが期待されます。

　一定数まとまった採用を行ないたい場合などにも有効です。

⑥外国人向け求人媒体を利用する

　外国人や外資系企業を対象とした求人サイトなどに募集をかける方法です。

　グローバル転職に特化している、バイリンガルに強い求人サイトも有効です。ホワイトカラーの仕事などは、こうした媒体から採用に至るケースが多くあります。

⑦自社のホームページに多言語で求人ページをつくる

　職種によっては、自社のホームページを多言語化し、求人ページをつくることが募集活動には有効となります。

　日本国内からはもちろん、香港、台湾からの応募や北欧からの応募までくることがあります。

　自社ホームページの多言語化は、一過性のものではありませんので、まずはプラス１言語から始めていくと、永続的に効果が期待できます。

⑧ソーシャルリクルーティング（ＳＮＳ）

　ソーシャルメディアを使って採用活動（ソーシャルリクルーティング）を行なう方法です。企業の採用アカウント（企業ページ）を作成して、投稿を行ないます。

　年齢や出身国、職種によって求人に有効なＳＮＳも変わってくるので、どのＳＮＳがアプローチに有効なのか検討し、求める人物像に応じた言語での投稿を行ないます。

　ＩＴ技術者などの採用には、LinkedIn（リンクトイン）を使った採用活動が多く見られますし、Facebookなども外国人には一般的で、即効性を発揮するＳＮＳといえます。インスタグラムのダイレクトメッセージを使って採用につながるといった例もありますの

で、有効なＳＮＳを選別し、募集活動を行なうことも効果的です。

⑨外国人社員からの紹介

　一番身近で最もミスマッチが少ない方法は、すでに働いている外国人からの紹介です。

　業務内容や待遇面などがすでに伝わっていたり、紹介者がすでに働いているという安心感があるため、すぐに退職してしまう心配も少なく、企業側も紹介者である外国人社員にフォローしてもらえるなど、募集活動の負担が少ない方法といえます。

 ## 日本語が堪能な外国人を採用したい場合

　業務上、日本語でのやりとりを求める場合や日本語が必要な業務の場合には、多くの企業が日本国内の留学生を採用しています。

　募集方法としては、教育機関への求人、合同就職説明会の開催などは直接、留学生にアプローチすることができ、新卒採用に有効な方法です。

　大学に留学している外国人の場合は、日本の学生と同様に就職活動を行なうことも多く、求める人材像や外国人を歓迎するといったメッセージを打ち出すことで、希望に合った人材とマッチングできる可能性が高まります。

　専門学校に留学している外国人の場合は、就労ビザの要件でも触れたように、就労ビザの条件である専攻と業務の一致が大学より強く求められるため、企業側でより具体的な募集内容を示すことで希

◎国・地域別留学生数の上位５か国◎

1位：中　国	119,302人	2位：ベトナム	65,818人
3位：ネパール	24,821人	4位：韓　国	13,121人
5位：台　湾	7,389人	（2020年6月末時点・法務省統計）	

望の人材と出会える可能性が高まります。

　留学生は日本語能力試験を受けていることも多く、日本語のコミュニケーションに問題のないレベルのＮ２、そして最もレベルの高いＮ１に合格している人材も多くいます。

実務能力のある外国人を採用したい場合

　外資系企業やＩＴ企業など実務能力を重要視し、日本語能力を求めない場合は、国内外を問わず求人を行なっています。

　募集方法としては、外国人・外資系特化の求人媒体や自社ホームページ、ＳＮＳ、最近では海外の大学などに直接働きかけるといった方法も見られます。

　日本に留学している学生には限りがあります。海外人材の呼び寄せには、国内採用と異なる手続きが発生するものの、国内では採用できない人材と出会い、その手間を上回るメリットがある場合もあります。

アルバイトや単純作業などの仕事で採用したい場合

　フルタイム採用ではなくアルバイト採用の場合や、飲食店のホールスタッフや工場内作業といった一般労働に携わる外国人の募集については、国内にいる留学生や永住者、結婚ビザなどの外国人にアプローチすることも有効です。

　募集のしかたとしては、ハローワークなどの公的機関やＳＮＳといった方法が考えられます。

　しかし、アルバイトとして留学生を採用する場合には、時間制限があるため注意が必要ですが、採用のハードルが低いため人数の確保がしやすいといったメリットがあります。

外国人労働者の選考のしかた

 採用選考時の確認事項とは

外国人向けの採用活動を行なっていくと、応募者は多いものの「実際に自社で適法に働けるのか」「就労ビザは取れるのか」といった、選考に手間取ることが多いように感じます。選考する際には、基本的な採用基準とは別に外国人労働者の採用基準が必要です。

外国人から応募があった場合、日本人に対して求める提出書類と同じ書類では不十分です。特に、日本において一般的な様式の履歴書の場合には、新卒採用、中途採用に関わらず自社での就労が可能かどうかを判断できないことが多く、採用が決まった後に就労できない事実が発覚する場合もあります。

書類審査の段階で、就労が可能かどうかを確認すれば、内定後に採用できないことが発覚するといったリスクを最小限にすることができます。外国人を採用するときの選考時には、次ページに例示したような**外国人用の確認書類チェックリスト**を用意しておくことをお勧めします。

なお、国籍で差別しない公正な採用選考を行なう必要性から、採用決定前に在留カード等の書類の提示を求めることは、結果としてその応募機会を不当に閉じることになるおそれがあり、適切ではない（ただし、違法ではない）といった東京労働局職業安定部の見解もあります。

しかし、確認をしなかったために、内定後に就労ビザが取得できないことが発覚し、外国人側にとっても就職活動がムダになり、企業にとってもそれまでの時間的・人的コストや再選考の必要といったリスクを負う可能性もあります。

◎選考時に確認しておく書類のチェックリスト◎

☐ **履歴書**
学歴・職歴を確認します

- -

☐ **在留カード**
現在のビザや期限などを確認します

- -

☐ **パスポート**
本人確認と資格外活動許可や指定書などを確認します

- -

☐ **卒業証明書（学位の記載を確認）**
学歴要件や業務内容と専攻の関連性を確認します

- -

☐ **成績証明書**
卒業証明書で専攻が不明な場合、成績証明書で専攻を確認します

- -

☐ **出席証明書**
専門学校・日本語学校の留学生の場合、出席証明書で出席率を確認します

- -

☐ **日本語能力試験の証明書**
日本語能力を確認します

- -

☐ **住民税の納税証明書等**
納税義務を果たしているか、留学生の場合に週28時間超働いているといった
法令違反がないかを確認します

- -

　いずれにしても、選考時に提出してもらう資料については、社内で十分に検討する必要があります。

3-3
外国人労働者との雇用契約の結び方

 外国人を採用する際の「雇用契約書」

　採用が決まった後に、「雇用契約書」（オファーレター）を交わします。外国人採用についての雇用契約書の様式には、決まりはありませんが、法令に従った適正な契約書とすることが必要です。

　就労ビザの申請においては、雇用契約書以外にも、必要事項が記載されていれば労働条件通知書や内定通知書でも申請することは可能です。

　雇用契約書には、労働者に明示しなければならない項目が労働基準法で決まっています。就労ビザの申請においても、同様に労働者に明示しなければならない項目が記載された雇用契約書を提出するよう求められています。

【必ず書面で明示しなければならない項目】

①労働契約の期間に関する事項

②就業の場所および従事すべき業務に関する事項

③始業および終業の時刻、所定労働時間を超える労働の有無、休憩時間、休日、休暇ならびに労働者を２組以上に分けて就業させる場合における就業時転換に関する事項

④賃金額、計算および支払いの方法、賃金の締切りおよび支払いの時期ならびに昇給に関する事項

⑤退職に関する事項（解雇の事由を含む）

　就労ビザを持っていない外国人を採用する場合は、雇用契約の後に就労ビザを申請することとなります。

　次ページに雇用契約書のサンプルをあげておきましたが、この雇

◎「雇用契約書」のサンプル◎

雇 用 契 約 書
CONTRACT OF EMPLOYMENT

To:　　○○○○　　　殿

雇用者　：　東京都千代田区○○×-×-×
EMPLOYER　　株式会社　○○○
代表取締役　○○　○○　　㊞

下記労働条件で契約いたします。 Working conditions are as follows.

雇用期間 PERIOD OF EMPLOYMENT	20XX年4月1日から　（期間の定めなし） From　April 1. 20XX〜　（Non-fixed.）
就業場所 PLACE OF EMPLOYMENT	本社 Headquarters
業務内容 JOB DESCRIPTION	通訳/翻訳 Interpretation/Translation
就業時間 WORKING TIME	午前9時00分から午後5時00分 9：00a.m. 〜　5:00p.m.
休憩時間 BREAK TIME	正午から午後1時00分 12：00p.m.〜1：00p.m.
休　日 DAYS OFF	土曜日、日曜日、国民の休日及び当社規定による休日 Saturdays, Sundays, National holidays and Holidays according to company regulations.
所定時間外労働 PRESENCE OF OVERTIME WORK	■あり　　□なし ■Yes　　□No
賃　金 SALARY	基本賃金　25万円 Base Salary　250,000Yen
手当 ALLOWANCE	交通費 Transportation allowance
賃金の支払方法 PAYMENT OF SALARY	毎月25日、口座振込による 25th of each month,Direct deposit
昇給 SALARY RAISE	本人の能力、会社の業績による For Base salary revisions, performance of the employee and the company shall be taken into consideration.
賞与 BONUS	年2回 Twice a year
試用期間 PROBATION PERIOD	3か月 3months
退職 RETIREMENT	定年、自己都合退職の手続き、解雇の事由及び手続きの詳細は、当社就業規則による。 Details of mandatory Retirement age system,Procedure of Retirement for personal reasons.Reasons and procedure for the Dismissal are established in the labor regulations of the company.
その他 OTHERS	1.停止条件：本契約は、出入国管理及び難民認定法による適法な就労資格の許可を条件とする。 Condition precedent：This contract shall be subject to whom is a holder of a proper working permission issued by the Immigration Control and Refugee Recognition Act. 2.社会保険の加入状況【厚生年金保険、健康保険、労災保険、雇用保険】 Joining social insurance【Employees' Health Insurance,Employees' Health Insurance, Industrial Accident Compensation Insurance,Employment insurance】 3.本契約にない事項は当社就業規則による。 Matters other than those mentioned above shall be in accordance with the labor regulations of the company.

Date:　　20XX 年　X　月　X　日
労働者　：　東京都世田谷区○○×-×-×
EMPLOYEE　　○○○○

_____
(signature)

用契約書には就労開始日が記載されているものの、ビザの申請時期や申請内容によっては審査に数か月かかることもあり、雇用契約書上の就労開始日までにビザの許可がおりない場合もあります。

このような場合が想定されるため、一般的に外国人の雇用契約書には**特約事項として「停止条件」**が設けられています。

停止条件とは、一定の条件を満たさないと契約の効力が発生しないとするものです。

外国人については、雇用契約書に「**本契約は、出入国管理及び難民認定法による適法な就労資格の許可を条件とする**」などの停止条件を記載すれば、就労開始日を過ぎたとしても雇用契約の効力は発生しません。

雇用契約書の言語表記

日本語で作成された雇用契約書でも、ビザの申請は可能ですが、近年、企業と外国人労働者との間で給与額が契約と異なる等の契約内容をめぐる問題も多く発生しています。

日本語のコミュニケーションに問題がなくとも、日本語の読み書きができない外国人もいます。

厚生労働省のホームページには、「外国人労働者向けモデル労働条件通知書」が公開されています（英語、中国語、韓国語、ポルトガル語、スペイン語、タガログ語、インドネシア語、ベトナム語）。

問題の発生を未然に防ぐためにも、採用する外国人の日本語の能力によって本人が理解できる言語で作成した雇用契約書の準備をお勧めします。

3-4

就労ビザの申請に関する注意点

国内採用と海外採用の採用方法の違い

　外国人を採用する場合、すでに日本国内に滞在している外国人を採用する場合と、海外に在住している外国人を採用する場合の2つのパターンあります。

　採用時に必要なビザ申請の手続きの流れは下図のとおりです。

◎採用時に必要なビザ申請◎

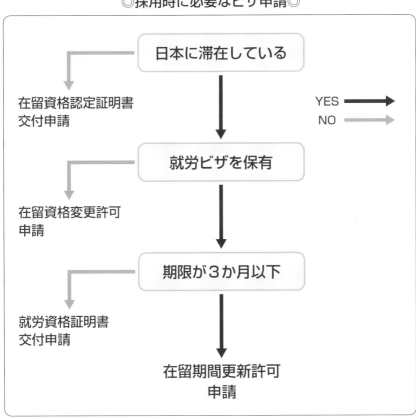

就労ビザの手続きは、国内採用の場合は、国内の手続きを行なうことで進められますが、海外採用の場合には、「国内手続き＋海外での手続き」の2段階の手続きが必要になります。

 海外採用の場合（在留資格認定証明書交付申請）

　海外在住の外国人から応募があった場合、書類を確認し、自社で働くことができるとなったら、オンライン面接または直接面接などを経て内定の可否を判断することとなります。

　内定が決定した場合には、雇用契約書を取り交わし、企業側が日本に呼び寄せるための手続きである「**在留資格認定証明書交付申請**」を行なうことになります。

　在留資格認定証明書交付申請は、受入企業の所在地を管轄する出入国在留管理局へ申請を行ないます。審査期間は、申請時期・本人の状況・企業規模などによって異なりますが、手続きには1か月から数か月程度かかります。

 「在留資格認定証明書」とは？

　「在留資格認定証明書」（Certificate of Eligibility：ＣＯＥ）とは、18ページで説明したように、新規で日本に入国したい外国人について審査した結果「日本側は問題ないですよ」という許可証のようなイメージです。

　長期間、日本に滞在したいと希望する場合には、基本的に在留資格認定証明書を取得する必要があり、その証明書を持って本国の日本大使館・領事館へ行くことになります。

　許可証のようなイメージとはいっても、在留資格認定証明書はビザ（査証）の発給を保証するものではありません。一定の国や申請内容によって直接、本人の面接や電話での聞き取りを行なうことや、場合によっては追加資料を求め、日本大使館・領事館側でも審査を行ないます。

　この本人面接や電話での聞き取り調査で、日本ではわからなかっ

◎面接時や電話調査で尋ねることの例◎

- 日本で行なう業務内容についての確認
- 受入企業の会社名・所在地の確認　　● 給与額の確認
- 外国人本人の学歴の確認
- 外国人本人の職歴の確認　など

◎在留資格認定証明書◎

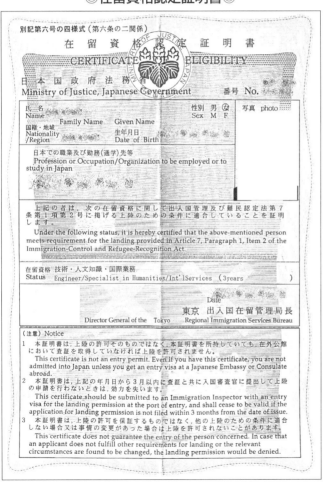

た事実が発覚することも少なくありません。

　もし、このときに日本側での申請内容と異なる事実が発覚または本人にビザ（査証）を発給できない理由が発覚した場合には、たとえ在留資格認定証明書が交付されていても、ビザ（査証）の発給は拒否されることがあります。

　日本大使館・領事館におけるビザ（査証）の拒否理由を、具体的に聞くことはできません。拒否理由の情報が不正な目的をもつ人たちによって悪用されるおそれがあるからだとされています。

　ビザ（査証）の発給が拒否されると、拒否後6か月以内は同一目的によるビザ（査証）申請は受理されず、再度、出入国在留管理局へ在留資格認定証明書交付申請を行なっても、今度は前回許可となった申請でも結果は不交付となります。

　出入国在留管理局（法務省）側と大使館・領事館（外務省）側は、ビザ（査証）発給拒否の情報を共有しており、拒否理由についても回答されません。一度、ビザ（査証）発給拒否となった後に判断を覆すことは非常に困難なのです。

観光ビザから就労ビザへの変更は可能？

　海外在住の外国人を採用する際に、外国人本人が来日しているケースもあります。そうした場合、そのままビザの変更を希望する外国人も多いのですが、多くの場合は、観光ビザ（短期滞在）から就労ビザへの変更は受け付けられず、出入国在留管理局側から在留資格認定証明書交付申請を行なうように求められます。

　観光ビザからの変更許可手続きは、「やむを得ない特別の事情」が必要となっています。ちなみに、「帰国する飛行機代がもったいないから」といった理由は特別な事情にはあたりません（金融人材については、短期滞在からの変更を認める特例があります）。

観光ビザ滞在中に証明書が交付された場合

　観光ビザ（短期滞在）から直接、就労ビザへの変更の申請は受け

付けられないことが大半ですが、来日後に在留資格認定証明書交付申請を行なった後、来日中に在留資格認定証明書が交付されたときや、申請中に来日し、滞在中に偶然、在留資格認定証明書が交付されたといった場合には、在留資格認定証明書を添付して観光ビザ（短期滞在）から就労ビザへのビザ変更手続きを行なうことが可能となります。

海外から外国人材を呼び寄せる際の家族のフォロー

海外在住の外国人の採用が決まったときに確認しておくとよいのが「家族も来日するかどうか」です。配偶者や子供がいる場合には、家族滞在ビザで滞在することができます。

家族とともに日本での生活を望む場合、家族のビザも就労ビザの申請と同時に申請を行なうことができます。家族滞在ビザを同時申請した場合は通常、結果も扶養者の就労ビザと同時に出ますので、家族そろって来日することが可能です。

なお、家族として**滞在が認められるのは配偶者と子**です。親や兄弟は、家族滞在として認められないことに注意が必要です（高度専門職の場合は一定の条件のもと、親の帯同も可能です）。

国内採用の場合（在留資格変更許可申請）

国内在住の外国人から応募があった場合は、書類を確認し、自社で働くことが可能と確認できたら、1次面接、2次面接等を経て内定の可否を判断することとなります。

採用が決定した場合には、雇用契約書を取り交わし、ビザの変更が必要な場合には「**在留資格変更許可申請**」を行ないます。

在留資格変更許可申請は、外国人本人の住所を管轄する出入国在留管理局へ行ないます。審査期間は、申請時期・本人の状況・企業規模などによって異なりますが、2週間から2か月程度かかる手続きです。

新卒者のビザ変更手続きは時間がかかる？

　新卒採用の場合には例年、前年12月から変更の申請を受け付けています。申請時点ではまだ卒業していないため、申請には学歴を証明する書類として「**卒業見込証明書**」を提出します。この場合、卒業前に申請を行なうため、就労ビザを受け取るには卒業を待つ必要があります。

　たとえば、３月卒業予定の留学生の場合、余裕をもって12月に申請を行ない、翌年１月、２月にビザの結果通知を受け取ったとしても、現行の手続きでは最終的に出入国在留管理局側から卒業証明書の原本提示を求められるため、正式なビザの変更は学校から卒業証明書が発行された後の３月下旬となります。事前に外国人本人にタイムスケジュールを伝えておくと安心です。

　まずはビザの変更申請をスムーズに行なえる体制をつくっておくこと、そして、採用外国人には３月中にビザの変更手続きを終えるよう伝えておけば、４月から問題なく就労開始可能です。

◎留学生の就労ビザ変更の流れ◎

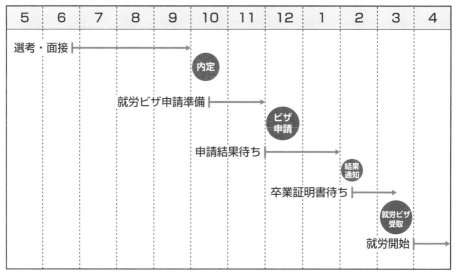

ワーキング・ホリデービザの外国人から応募があった場合

ワーキング・ホリデービザで滞在する外国人の採用が決まった場合には、留学生等からのビザの変更と違う点があります。ワーキング・ホリデービザでは、日本で在留資格変更許可申請が認められる場合とそうではない場合とがあります。

協定上、オーストラリア、ニュージーランド、カナダ、韓国、ドイツの5か国については、日本に滞在したままビザの変更が可能とされており、それ以外の国・地域からの滞在者については、ビザの変更は認められないとされています。

しかし、出入国在留管理局の個別判断により、上記5か国以外からの変更も認められる可能性があります。

日本に滞在したままビザの変更が認められない場合には、在留資格認定証明書交付申請を行なう必要があります。場合によっては一度帰国する必要がありますので、ワーキング・ホリデーからの変更許可申請については、事前に管轄の出入国在留管理局へ確認を行なったほうがよいでしょう。

外国人労働者が転職してきたときの手続き

【転職者の手続き】

外国人を中途採用する場合、すでに就労ビザを持っている場合が大半ですが、これまで説明してきたように、就労ビザを持っていれば大丈夫というものではありません。

基本的には、本人書類を確認し、自社で適法に働くことができるのか確認しましょう。

たとえば、民間の英会話スクールに「教育」のビザを持っている外国人が応募してきた場合、教育ビザは日本の学校等で英語教師として働くためのビザであり、民間の英会話スクールの講師として働くためのビザではないので、「教育」から「技術・人文知識・国際業務」へビザの変更申請を行なうこととなります。

◎「就労資格証明書」のサンプル◎

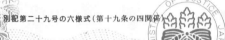

別記第二十九号の六様式（第十九条の四関係）　　　　　日本国政府法務省

番号

就労資格証明書

氏　名

国籍・地域

日生　（男女）

旅券番号

在留カード番号／特別永住者証明書番号

在留資格（在留期間）　　技術・人文知識・国際業務
Engineer
Specialist in Humanities/
International Services

3years

　　上記の者は，本邦において下記の活動を行うことが認められていることを証明します。

記

◎　活動の内容

　　　　本邦の公私の機関との契約に基づいて行う理学，工学その他の自然科学の分野若しくは法律学，経済学，社会学その他の人文科学の分野に属する技術若しくは知識を必要とする業務又は外国の文化に基盤を有する思考若しくは感受性を必要とする業務に従事する活動（一の表の教授の項，芸術の項及び報道の項の下欄に掲げる活動並びにこの表の投資・経営・管理の項から教育の項まで，企業内転勤の項及び興行の項の下欄に掲げる活動を除く。）

において行う

翻訳・通訳業務に係る活動は，前記の活動に該当する

◎　就労することができる期限

まで

(なお,当該期限は,出入国管理及び難民認定法第20条第6項(第21条第4項で準用する場合を含む)(第21条を受ける場合は,同項に規定する時)の適用　東京 出入国在留管理局長

　（注）　本証明書の所持人の確認は，旅券又は在留カード／特別永住者証明書により行ってください。

【転職時に便利な「就労資格証明書」】

　中途採用時に行なう確認において、前職でも同様の職種について
いた場合や、ビザの更新まで1年以上あるなど、特段ビザの手続き
が必要ない場合もあります。

　しかし、ビザの変更自体は必要ありませんが、その外国人がいま
持っているのは前勤務先で許可を受けたビザであるため、自社で適
法に働けるかどうかが審査されたわけではありません。

　転職後、何も手続きをしていない場合は、出入国在留管理局はビ
ザの更新申請の際に転職先の情報を審査することになりますが、も
し、適法に働くことができない外国人を採用した場合は、入社から
ビザの更新まで違法状態となってしまうこともあります。

　このような状況を避けるには、転職時に「**就労資格証明書**」を取
得するという手続きを行なうことをお勧めします。

　この就労資格証明書には、「転職先でも問題なく働くことができ
ますよ」といった内容が記載されます。この証明書が発行されれば、
自社で適法に働くことが認められたことになります。出入国在留管
理局からのお墨付きといったイメージです。

　なお、就労資格証明書の交付申請は、外国人本人の住所を管轄す
る出入国在留管理局へ行ないます。通常、各就労ビザの変更時と同
様の書類を提出して行ないます。

　審査期間は、申請時期・本人の状況・企業規模などによって異な
りますが、2週間から1か月程度かかります。

　ビザの更新まで時間がある場合には、このような制度を利用する
ことで適法性を担保することができます。

3-5
就労開始とその後の管理で注意すべきこと

 就労開始時に必要なこと

　80ページの採用の流れ図でいうと、いよいよ最終段階の「就労開始」と「管理」に関する注意点です。

　まず、外国人労働者の就労ビザ申請の許可が出た後、新しい在留カードが交付されます。この**在留カードが交付された時点で、就労ビザの効力が発生**します。

　雇用主としては、この在留カードの写しを保存・管理しておきましょう。ビザの期限の管理やさまざまな手続きにおいて、在留カードの内容や在留カード番号などが必要となります。

　以下は、管理に関して知っておきたいことについてです。

 就労ビザの更新手続き（在留期間更新許可申請）

　就労ビザを取得した後に、そのビザの期限までに更新の申請をしなければいけません。

　この「**在留期間更新許可申請**」は、外国人本人の住所を管轄する出入国在留管理局へ行ないます。

　ビザを取得する際には、「ビザの要件を満たしているか」というポイントが審査されますが、ビザの更新は、「就労ビザを取得する際に申告した業務内容・給与額などに相違がないか」「問題となることはないか」という確認の意味合いが強い手続きです。「住民税などをしっかり払っているか」なども審査の対象です。

　審査期間は、申請時期・本人の状況・企業規模などによって異なりますが、2週間から1か月程度となっています。

いつからビザの更新手続きは可能か

　ビザの更新許可申請は、その期限の３か月前から期限の日まで可能となっています。期限日が土・日・祝日となっている場合には、管轄の出入国在留管理局の翌営業日が期限となります。

　このビザの**更新申請時には日本**にいることが求められます。出張などにより海外に滞在している場合には、日本へ帰国する必要があります。国外に滞在したままで、更新許可申請を行なうことはできません。

いつまでにビザの更新をしなければいけないか

　可能であれば期限の３か月以上前から準備を行ない、期限が残り３か月を切ったらすぐに申請を行なうことがベストですが、期限内に更新申請をすれば問題はありません。

　現在持っているビザの期限までに新しいビザをもらわなければいけないわけではありませんが、余裕をもって申請することが推奨されています。

更新結果が出ないままビザの期限を過ぎた場合

　ビザの期限ギリギリで更新申請をした場合などは、審査結果が出ないまま現在のビザの期限を過ぎる場合があります。このような場合には、「在留期間の特例」というルールがあり、**ビザの期限から最長２か月間は、現在のビザで適法に滞在すること**が可能となります。現在持っているビザが延長されているイメージです。

　在留期間の特例となっている外国人の場合には、出入国在留管理局も特例期間内に必ず結果を出すようにしています。

ビザの期限を過ぎてしまった場合

　何らかの事情でビザの期限を過ぎてしまった場合は、不法滞在となります。

しかし、外国人本人の滞在状況や所属企業などの事情によっては、出入国在留管理局の判断により、特別に申請を受理してくれる場合があります。ビザの期限を過ぎてしまうようなことがあれば、速やかに管轄の出入国在留管理局へ相談してください。

しかし、特別受理はすべての外国人に当てはまるわけではありません。更新許可申請は、十分に余裕をもって行ないましょう。

ビザの期間（1年・3年・5年）の違い

ビザが許可される期間は、多くは1年・3年・5年のいずれかです。この期間の決定は、さまざまな理由にもとづきますが、一般的な中小企業の多くは、1年からのスタートとなります。その後、更新して1年、またその後、問題なければ3年間の期間が許可されるという流れです。

カテゴリー1や2（51ページ参照）の規模の大きな会社や、外国人を何名も雇用しているような会社の場合には、ビザの変更や認定証明書の時点で3年や5年が許可されます。

何度更新しても1年しか許可されないことが続いている等、なかなか3年・5年といった長期間のビザが許可されない外国人には、理由があります。転職が多い、給与額が低い、以前の勤務先がブローカーの会社だったことが発覚した（ビザの書類のみサポートして実際には働いていないなど）などの問題があった場合です。

こうした場合には、1年ごとに外国人の状況確認を行なうことが必要といった理由から、長期間のビザは許可されづらくなっています。

海外出張へは行けるのか（再入国許可申請）

海外出張へ行く場合、外国人としてはどのような手続きが必要になるのでしょうか。

日本を出国・再入国するには、以下の2つのパターンがあります。

①みなし再入国許可

　就労ビザを持っている外国人であれば、在留カードとパスポートを空港等の審査場で提示することで、**出国の日から１年間以内**なら再度、日本に入国することが可能です。この制度を「**みなし再入国許可**」と呼びます。

　出国から１年の間にビザの期限を迎える場合には、その期限までとなります。この制度は、ビザの期限まで何度でも利用可能です。

【みなし再入国許可制度の流れ】

①出国空港等の審査場で再入国出国記録（再入国ＥＤカード）を記入する…一時的な出国であり、再入国する予定である旨のチェック欄があるので、同欄にチェックします。

②出国時に入国審査官に提示し、みなし再入国許可による出国を希望する旨を伝える

　みなし再入国許可制度を利用すれば、短期の海外出張や帰国のたびに出入国在留管理局への手続きは必要ありません（必要に応じて出張先国のビザ手続きは必要です）。

　みなし再入国許可により出国した場合、基本的には有効期間を延長することはできません。万が一、１年以内に帰ってこられない状況となった場合には、出国先の日本大使館・領事館へ相談してください。事情によっては期間が延長される場合があります。

②**再入国許可**

　１年以上、日本から出国する場合には、通常の「再入国許可」を得ることが必要です。

　この再入国許可は、管轄の出入国在留管理局へ申請します。許可されると、パスポートに再入国許可の証印シールが貼付されます。

　再入国許可には、「数次」有効な許可と、「１回限り」有効な許可

◎「再入国許可申請書」のサンプル◎

別記第四十号様式（第二十九条関係）

日本国政府法務省
Ministry of Justice,Government of Japan

再 入 国 許 可 申 請 書
APPLICATION FOR RE-ENTRY PERMIT

出入国在留管理局長 殿

To the Director General of the **東京** Regional Immigration Services Bureau

出入国管理及び難民認定法第26条第1項の規定に基づき、次のとおり再入国の許可を申請します。
Pursuant to the provisions of Article 26, Paragraph 1 of the Immigration-Control and Refugee-Recognition Act, I hereby apply for re-entry permit.

1 国 籍・地 域 Nationality/Region	**中華人民共和国**	2 生年月日 Date of birth	**19XX** 年 Year X 月 Month X 日 Day	

3 氏 名 Name **王 Wang, 麗霞 Lixia** ※パスポートの順番どおりに記載　　4 性 別 Sex 男 Male/⦅女⦆Female

5 日本における住居地 Address in Japan **東京都港区○○丁目X番X-XX号**

電話番号 Telephone No. **なし**　　携帯電話番号 Cellular phone No. **XXX-XXXX-XXXX**

6 旅券 (1)番 号 Passport Number **A1234567**　　(2)有効期限 Date of expiration **20XX** 年 Year X 月 Month X 日 Day

7 現に有する在留資格 Status of residence **技術・人文知識・国際業務**　　在留期間 Period of stay **3年**

在留期間の満了日 Date of expiration **20XX** 年 Year X 月 Month X 日 Day

8 在留カード番号 / 特別永住者証明書番号 Residence card number / Special Permanent Resident Certificate number **○○XXXXXXXX○○**

9 渡航目的 Purpose of visit □ 観 光 Tourism ■ 商 用 Business □ 親族訪問 Visit relatives □ 留 学 Study □ その他 ( ) Others

10 予定渡航先国名 Expected destinations **中華人民共和国**

11 出国予定年月日・港 Expected date and port of departure **20XX** 年 Year X 月 Month X 日 Day **羽田空港** 日本の(空)港 (Air) Port in Japan

12 再入国予定年月日・港 Expected date and port of re-entry **未定** 年 Year 月 Month 日 Day 日本の(空)港 (Air) Port in Japan

13 希望する再入国許可 Which type of re-entry permit do you apply? □ 1回限りの再入国許可 Single ■ 数次の再入国許可 Multiple

14 犯罪を理由とする処分を受けたことの有無（日本国外におけるものを含む。） Criminal record (in Japan / overseas)
有（具体的内容 Yes (Detail) ⦅無⦆ No

15 確定前の刑事裁判の有無（日本国外におけるものを含む。） Criminal action before confirming (in Japan / overseas)
有（具体的内容 Yes (Detail) ⦅無⦆ No

16 旅券を取得することができない場合は、その理由 In case that you cannot obtain a passport, fill in the reason.

17 法定代理人（法定代理人による申請の場合に記入） Legal representative (in case of legal representative)
(1)氏 名 Name　　(2)本人との関係 Relationship with the applicant

(3)住 所 Address

電話番号 Telephone No.　　携帯電話番号 Cellular Phone No.

以上の記載内容は事実と相違ありません。 I hereby declare that the statement given above is true and correct.
申請人（法定代理人）の署名／申請書作成年月日 Signature of the applicant (legal representative) / Date of filling in this form

○○ ○○ ※署名　　**20XX** 年 Year X 月 Month X 日 Day

注 意 申請書作成後申請までに記載内容に変更が生じた場合、申請人（法定代理人）が変更箇所を訂正し、署名すること。
Attention In cases where descriptions have changed after filling in this application form up until submission of this application, the applicant (legal representative) must correct the part concerned and sign their name.

※ 取次者 Agent or other authorized person
(1)氏 名 Name　　(2)住所 Address

(3)所属機関等（親族等については、本人との関係） Organization to which the agent belongs (in case of a relative, relationship with the applicant)　　電話番号 Telephone No.

の2種類があり、数次有効再入国許可は、期間内に何度でも利用することができますが、1回限り有効の再入国許可の場合は、一度利用した後は、改めて出入国在留管理局へ申請して許可を受ける必要があります。

長期海外出向となったときの就労ビザの取扱い

　外国人社員が長期間、海外事業所などへ出向となった場合には、日本の就労ビザの取扱いには注意が必要です。

　その外国人本人が持っている就労ビザの期間の大半を海外で過ごしているような場合、次のビザの更新許可申請において、日本に滞在していない理由などを求められ、審査にマイナスに働くこともあります。こうした場合は、**合理的な理由**があるかどうかが重要となります。

　外国人社員が長期間、海外事業所などへ出向となる場合、基本的には就労ビザの必要性で判断されますが、外国人側からすると、一度、日本のビザを手放すともう許可されないのではないかといった不安や、将来の永住許可のために就労ビザを持ち続けたいといった希望があります。

　企業側は、そうした外国人側の気持ちも尊重しつつ、適正な手続きとのバランスを考えて判断していく必要があります。

　判断を要するパターンは以下の2点が考えられます。

①就労ビザを取り直すパターン

　数年間、無期限で出向するといった場合には、就労ビザを更新するといったことはせずに、再度、日本での勤務が決まったときに就労ビザを取り直します。

②就労ビザを保有し続けるパターン

　海外事業所へ出向となったものの、定期的に日本に戻り、報告・会議等を行なう必要性があることや、一定期間後に帰国することが

予定されている場合には、就労ビザを継続する合理的な理由があることになり得ます。

　しかし、前述のように許可されたビザの期間の大半を海外で過ごし、ビザの更新にだけ戻ってきているような場合は、外国人本人の滞在内容や企業にもよりますが、ビザの更新許可申請書類の内容について真偽を問われたり、日本での活動が安定していないといった判断となり、ビザの更新が許可されないことがあります。

　申請書類に海外事業所を記載すればよいといった問題でもありません。就労ビザは、日本において就労することを前提としていることを理解しておく必要があります。

　外国人社員の海外出向は、ただちに違法とはなりませんが、就労ビザの必要性については、十分に検討して手続きを行なうことをお勧めします。

ビザ申請後の対応で留意すべきこと

出入国在留管理局から資料提出通知書が届いたら？

出入国在留管理局へビザの申請をすると、後日「**資料提出通知書**」という手紙が届くことがあります。

この資料提出通知書は、審査過程において疑義や不明点が発生した際、それらを明らかにするために求められるものです。たとえば、外国人本人の1日のスケジュール表や、会社内部の見取図や写真を求められるといった内容です。

追加で書類を提出すれば許可となるわけではなく、そこからまた審査が再開されますので、**審査において何が問題となっているのか**を理解する努力が必要です。

記載されているタイトルどおりの書類がないので提出しないといった対応や、ポイントが押さえられていない説明文を提出してしまうと、その結果、不許可となることもあります。

また、この資料提出通知書には期限が決められています。出入国在留管理局へ何も連絡もせずに、この期限を過ぎてしまった場合には、それを理由に不許可となることもあります。

資料提出通知書が届いたら、内容をしっかりと理解し、期限までに資料を提出しましょう。

不許可になったときの対処方法は？

ビザの申請は、書類が整っていれば受理されるものの、許可が出るかどうかは審査次第です。審査した結果、ビザが取れないといったことは珍しくありません（不許可について、正しくは、「更新許可申請・変更許可申請の場合→不許可」、「在留資格認定証明書交付申請の場合→不交付」ですが、わかりやすくどちらも「不許可」と

呼んでいきます)。

　不許可となった場合、出入国在留管理局からその旨の通知書が届きます。通知書に記載されている内容は、法律上の理由ですので、具体的に何が問題であったのかまでは、記載されていないことがあります。

　詳細を知りたい場合には、出入国在留管理局の審査部門で直接、説明を受けることができます。

　説明を受けることができるのは、基本的に申請した外国人本人のみですが、通訳をする必要がある場合には通訳者や、海外人材を呼び寄せるための申請(在留資格認定証明書)の場合には受入企業の担当者も、説明を受けることができます。

　しかし、注意が必要なのは、説明を受けた原因のみが問題だとは限らないということです。

　外国人本人からは、「入管から1つだけ書類がダメだった、あとは大丈夫と言われた」といったことをよく耳にしますが、その後、許可されなかった理由を改善しても再度、不許可となることもあります。

　たとえば、ビザの審査内容がステップ1～ステップ10まであるとして、ステップ3で不許可となった場合、ステップ3以降は審査されていません。説明不足といった理由で不許可となる場合、最初は内容がわからないから不許可、再申請して詳細に説明したとしても今度は内容が問題で不許可といった具合です。

　「あとは大丈夫と言われた」というのは、はっきり断言することができない説明担当者の言葉を独自に解釈している可能性があります。

　出入国在留管理局の審査官は、審査をすることが仕事であり、許可を得るためにアドバイスをくれる存在ではありません。

　不許可となった際には、自分たちで十分に内容を精査し、再度申請することが可能であるかどうかを検討しなければなりません。

👤 採用理由書（申請理由書）は必要か？

　出入国在留管理局の公表している必要書類のなかにはありませんが、就労ビザを申請する際に、理由書（採用理由書／申請理由書）を求められることがあります。会社の業務内容、外国人が行なう業務について、その外国人を雇用するに至った経緯など個別の事情をより具体的に記載した書類です。

　もちろん、通常の提出資料で十分に就労ビザの要件などが満たされていることがわかれば、採用理由書を付けなくても許可されます。

　しかし、公表されている提出資料は、あくまでも一般的なものであり、その提出資料のみでは審査が十分に行なえない場合があります。提出資料の内容が曖昧、不明確な場合も同様です（たとえば、雇用契約書の業務内容にアシスタントとだけ記載されている等）。

　このような場合、担当審査官から理由書（業務内容を具体的に記載したもの）などの追加提出指示があることもありますが、担当審査官によっては、何も言われないまま不許可となることもあります。

　不許可の理由としては、「提出資料から就労ビザの判断ができない」といった、要するに**説明不足**といったことになります。採用理由書（申請理由書）は、ただ書けばよいというものではなく、審査官の知りたいポイントを押さえて書いていく必要があります。

　企業側としては、経営・事業上の課題や展望といったビジネスの視点を強調することが多いのですが、出入国在留管理局の考えるポイントは「就労ビザの要件を満たしているか」「疑問点について合理的な説明がされているか」「違法行為や問題が起こる可能性はないか」ということが視点となるので注意が必要です。

　また、理由書には予定や業務内容を記載するだけではなく、記載した内容を証明する書類とともに説明するべきでしょう。

　採用理由書（申請理由書）は、申請時に疑問点などを説明しておくために、審査期間の短縮につながることがあります。提出しておくと審査がスムーズに進む可能性が高くなります。

申 請 理 由 書

法務大臣 殿

このたび、株式会社○○○は、事業拡大につき、中国籍「○ ○○」をIT技術者として雇用したいため、本申請を行います。下記、申請に至る経緯についてお伝えいたします。

1. 株式会社○○○について

　弊社は、20XX年X月XX日に設立し、事業内容としては主に○○のシステム開発等受託業務を行ってまいりました（別紙、会社概要参照）。

　最近では、自社システム△△△△△の開発も進めており、今後事業を拡大していく予定です。

　その将来性が認められ、弊社は本年□□□□□□より1億円の資金調達に成功しております。今後、開発期間おおよそ数年をかけ、このサービスに取り組んでまいります。

2. 事業の安定性について

　弊社の直近決算は赤字となっております（別紙、決算書参照）。しかし、上記1にあるとおり、本年弊社は□□□□□□から1億円の資金調達をしております（別紙、資本金の額の計上に関する証明書及び振込があったことの証明書並びに登記簿謄本参照）。これにより、会社の資産も大幅に増加しており、5カ年計画においても順調に事業は成長していく見込みです（別紙、事業計画書参照）。従いまして、弊社の事業の安定性・継続性は確保されているものと考えます。

3. 申請人○ ○○の業務内容について

　上記1のとおり、弊社はシステム開発等受託業務及び自社システム開発業務を行っており、○ ○○氏には自社システム開発業務に携わるシステムエンジニアとして勤務してもらう予定です（別紙、雇用契約書参照）。

　○ ○○氏は、20XX年X月から日本の○○大学へ留学し、20XX年X月に卒業を予定しております（別紙、卒業見込証明書参照）。大学では情報工学を専攻しており、大変優秀な成績を残しています。

　弊社は今後もシステム開発により力を入れていくため、有能なシステムエンジニアが必要不可欠です。

弊社は今後、さらなる発展を予定しており、そのために申請人「○ ○○」のような優秀な人材が必要不可欠です。

何卒事情をご賢察のうえ、在留資格変更許可を賜りますようお願い申し上げます。

20XX年X月XX日

株式会社○○○　　代表取締役 ○○ ○○ ㊞

3-7

就労ビザが不許可となるケース

3章　外国人労働者を採用するときに注意すべきこと

　必要書類を集めて申請を行なっても、就労ビザが認められないこともあります。どのような場合に就労ビザは認められないのか、法務省が公表している例を含めてみていきましょう。

①留学生の素行不良

　留学ビザから就労ビザへ変更許可を申請する際に、問題となることが多いのが「素行不良」です。

　たとえば、学校の出席率が70％程度しかない場合や、アルバイトの労働時間が週28時間を超えていることが判明した場合には、その滞在に問題があると判断され、就労ビザへの変更が認められない場合があります。

　出席率が低いと指摘された際には、本人が「病気だった」と弁明することもありますが、学校へ行っていなくてもアルバイトは引き続き行なっているといったこともあります。

　このような場合、日本に滞在したままのビザの変更が認められないこともあり、一度、本国へ帰国する必要がある場合もあります。

　就労ビザの申請を行なう前に、外国人の学校資料や住民税の課税・納税証明書などを確認し、不自然に収入が多くないか、出席率はどの程度か、少ない場合にはその理由などを確認しておくとよいでしょう。

②外国人本人が以前に入管へ申告した職歴等と相違がある

　外国人本人が以前、ビザの申請をした際に提出した履歴書の内容と、次に申請した際に提出した履歴書の内容に相違があるということがあります。

111

このような場合は、提出した履歴書の内容に疑義があるとして、就労ビザの申請は不許可となる可能性があります。

③企業が知らなかった事実が判明した

　海外から人材を呼び寄せる際に、会社側に知らされていなかった過去の日本滞在がある場合があります。偽名で入国していた、不法滞在の過去があったなどです。

　外国人本人としては、10年以上前の出来事だから「時効になっていると思った」等という理由で、企業側に申告しないことがあります。

　このような場合、本人が提出していた履歴書の内容も事実でない場合があります。事前に外国人本人へ過去の滞在歴などの聞き取りをしっかりと行なうことが重要です。

④企業の実態がない

　出入国在留管理局へ就労ビザの申請をする企業のなかには、ペーパーカンパニーのような、事業実態がないにもかかわらず申請を行なうといった企業もあります。

　そのほか、会計事務所に勤務すると申請をしたものの、その会計事務所の場所には飲食店があったという事例もあります。

　このような申請が存在することを認識し、自社で申請を行なう際には、会社の内部写真や賃貸借契約書の写しなどを提出するなど、しっかりと事業実態を証明していくと安心です。

⑤嘘の申請が発覚した

　技術・人文知識・国際業務ビザの申請において、通訳を行なうとして許可を得たにもかかわらず、工場内作業員として働いているといった事例もあります。

　特に、更新の際に発覚することが多く、このような場合は、外国人本人は資格外活動違反となり、企業側も外国人に不正にビザを取

得させたとして不法就労助長罪や在留資格等不正取得罪を問われることとなります。

就労ビザがあれば何でもできるというものではないことを認識し、適法に外国人を雇用していくことが求められます。

⑥外国人の行なう業務の量が不足

料理店経営を業務内容とする企業で、コンピュータによる会社の会計管理（売上、仕入、経費等）、労務管理、顧客管理（予約の受付）に関する業務を行なうとして申請したものの、会計管理および労務管理については、従業員が12名という会社の規模から、それを主たる活動として行なうのに十分な業務量があるとは認められないこと、顧客管理の具体的な内容は電話での予約の受付および帳簿への書き込みであり、当該業務は自然科学または人文科学の分野に属する技術または知識を必要とするものとは認められず、「技術・人文知識・国際業務」のいずれにも当たらないことから、不許可となったという事例があります。

専門知識を必要とすると認められたとしても、その業務量が十分でなければ許可されない場合もあります。

⑦技術・人文知識・国際業務ビザに当てはまらない業務

弁当の製造・販売企業において、弁当加工工場で弁当の箱詰め作業に従事すると申請を行なったものの、弁当の箱詰め作業は、技術・人文知識・国際業務に属する知識を必要とする業務とは認められないとして、不許可となった事例があります。

また、美容学科を卒業し、美容師やネイリスト業務に従事することも同様に、技術・人文知識・国際業務には当てはまらないとされています。

⑧外国人の給与が日本人より低い

コンピュータ関連サービス企業において、月給13万5,000円でエ

ンジニア業務に従事すると申請したものの、その外国人と同時に採用され、同種の業務に従事する新卒の日本人の給与が月額18万円であることが判明したことから、報酬について日本人と同等額以上であるとは認められなかった事例があります。

就労ビザの要件として、外国人だからといって低賃金で働かせることはできません。同じ業務を行なう日本人と同額以上の給与を支払う必要があります。

⑨外国人を採用する必要性が認められない

ビル清掃会社において、留学生アルバイトに対する通訳およびマニュアルの翻訳に従事するとして申請したものの、留学生アルバイトは通常、一定以上の日本語能力を有しているため、通訳の必要性が認められず、また、マニュアルの翻訳については常時発生する業務ではなく、翻訳についても業務量が認められず不許可となった事例があります。

専攻と業務に関連性があったとしても、行なおうとする業務の必要性がないと判断されると許可されない場合があります。

⑩反復訓練によって従事可能な業務として認められない

栄養専門学校において、食品化学、衛生教育、臨床栄養学、調理実習などを履修した者が、菓子工場において、当該知識を活用して、洋菓子の製造を行なうとして申請したものの、当該業務は、反復訓練によって従事可能な業務であるとして、不許可となった事例があります。

専攻と業務内容に関連性があったとしても、行なおうとする業務に専門性が認められなければ、許可されない場合があります。

3-8

さまざまな働き方も知っておこう

インバウンド対応の横断的業務が可能な「特定活動46号」

近年、外国人観光客対応を含む小売店での接客業務や、ホテル等で通訳を含めた横断的業務、外国人労働者などへの指導業務といった、そもそも入管法が予定していなかったポジションでの業務が増えています。

このような業務を行なう外国人については長年、技術・人文知識・国際業務のグレーゾーンとして取り扱われてきましたが、現代の経済活動に合わせて、このような業務にも従事できることを明示した就労ビザ「**特定活動46号**」が新設されました。

「特定活動46号」の仕事内容

特定活動46号は、大学で学んだことを活かせる業務と、日本語能力を必要とする業務に、プラスして、技術・人文知識・国際業務では認められない日本人への接客業務や工場ライン作業などに幅広く従事することができます。

ただし、留学生アルバイトのような単純作業などの一般労働のみを行なうことはできません。

【特定活動46号の具体例】

①小売店での仕入れ、商品企画や、通訳を兼ねた接客販売業務、日本人に対する接客販売業務

②ホテル等での外国人客に向けた広報業務、通訳（案内）を兼ねたベルスタッフやドアマンとしての接客業務、日本人に対する接客業務

③飲食店での店舗管理業務や通訳を兼ねた接客業務、日本人に

115

対する接客業務

④工場のラインにおいて、日本人従業員から受けた作業指示を技能実習生や他の外国人従業員に対し外国語で伝達・指導しつつ、自らもラインに入って業務を行なうこと

⑤タクシー会社において、観光客（集客）のための企画・立案や自ら通訳を兼ねた観光案内を行なうタクシードライバー業務

「特定活動46号」の許可要件

①日本の４年制大学の卒業者、日本の大学院の修了者であること

　短期大学や専修学校の卒業者や海外大学の卒業者、海外大学院の修了者は対象になりません。

②日本語能力試験Ｎ１取得またはＢＪＴビジネス日本語能力テストで480点以上

　このほか、大学または大学院（海外の大学・大学院を含む）において「日本語」を専攻して、大学を卒業した人については、日本語要件を満たします。

③業務内容に技術・人文知識・国際業務ビザの対象となる業務が含まれていること

　商品企画・技術開発・営業・管理業務・企画業務・広報・教育等の技術・人文知識・国際業務ビザの対象となる業務が含まれていることが必要です。

④日本語のコミュニケーションを必要とする業務であること

　翻訳・通訳の要素のある業務や、他者との双方向のコミュニケーションを円滑に行なえる日本語能力を必要とする業務であることが必要です。

⑤契約形態が直接・フルタイム雇用であること

技術・人文知識・国際業務等で認められる派遣社員としての働き方は認められません。実際に、業務を行なう企業に直接、雇用されることが必要です。

⑥日本人と同額以上の報酬であること

外国人だからといって、低賃金で働かせることはできません。同じ企業内で、外国人と日本人を区別し、外国人のみ低賃金での採用を行なうことは、就労ビザの要件を満たしません。

また、地域や個々の企業の賃金体系、同種業務のある他企業の賃金も参考に審査が行なわれます。

⑦会社の適正性、安定性、継続性があること

企業として適正に事業を行なっていることが求められます。

また、事業において必要な許可等を取得しているか、安定して事業を継続できるかなどを審査されます。社会保険への加入についても、審査対象とされています。

◎特定活動46号の申請時必要書類◎

1	在留資格変更許可申請書
2	証明写真（3cm×4cm） ※3か月以内に撮影されたもの
3	雇用契約書等の写し
4	雇用理由書 ※受入企業名および代表者名の記名押印が必要 （雇用契約書の業務内容から本制度に該当する業務に従事することが明らかな場合は提出不要）
5	卒業証書の写しまたは卒業証明書（学位の確認が可能なものに限る）
6	日本語能力試験Ｎ１またはBJTビジネス日本語能力テスト480点以上の成績証明書の写し ※外国の大学において日本語を専攻した場合、当該大学の卒業証書の写しまたは卒業証明書の写し （学部・学科、研究科等が記載されたものに限る）
7	会社の概要がわかる案内書やHPの写しまたは登記事項証明書
8	住民税課税証明書および住民税納税証明書（証明書が取得できない期間に申請する場合は源泉徴収票、勤務期間の給与明細の写しまたは賃金台帳の写し等）
9	その他、各カテゴリーで必要となる資料（技術・人文知識・国際業務の申請書類参照）

⑧外国人本人の素行が不良でないこと

　外国人本人についても、法令違反や素行に問題がないことが求められます。

　先に述べたような、留学生のアルバイト時間の超過や出席率、入管法上必要な届出を行なっているかも審査対象です。

インターンシップを受け入れるには？

　インターンシップを受け入れようとする場合、インターンシップを行なう外国人の状況や給与の有無によって、ビザや手続きが異なります。

　大きく分けて「①日本に滞在している外国人が行なうインターンシップ」と「②海外の大学に在籍している外国人が行なうインターンシップ」とで手続きが分かれます。

①「留学」「特定活動（継続就職活動）」「特定活動（就職内定者）」
　のビザで日本に滞在している場合
【インターンシップでの給与が発生する場合】
　「留学」「特定活動（継続就職活動）」「特定活動（就職内定者）」ビザで日本に滞在している外国人が、給与の発生するインターンシップを行なう場合は、事前に資格外活動許可を得る必要があります。
　資格外活動許可はインターンシップに従事する時間によって、以下のように手続きが異なります。
（1）インターンシップに従事する時間が週28時間（長期休業期間中は１日８時間）以内の場合は、事前に資格外活動許可（包括許可）を受ける必要があります。すでにアルバイトに対する資格外活動許可（包括許可）を得ている場合には、改めて許可を得る必要はありません。
（2）インターンシップに従事する時間が長期休業期間以外で週28時間を超える場合は、資格外活動許可（包括許可）とは別に「週28時間を超える資格外活動許可」を個別に受ける必要がありま

す（個別許可）。

「留学」ビザで滞在している外国人が、インターンシップのための資格外活動許可（個別許可）を得る場合は、原則として大学（短期大学を除く）に在籍し、インターンシップを行なう年度末で修業年度を終え、かつ卒業に必要な単位をほぼ取得していること、大学院に在籍している場合は、インターンシップを行なう年度末で修業年度を終えることが必要となります。

上記以外でも、単位を取得するために必要な実習等、専攻科目と密接な関係がある場合等には、個別の資格外活動許可を受けることができる可能性があります。

なお、継続就職活動、就職内定者として「特定活動」ビザで滞在している人も、個別の資格外活動許可の対象となります。

【インターンシップでの給与が発生しない場合】

「留学」「特定活動（継続就職活動）」「特定活動（就職内定者）」のビザで日本に滞在している人で、給与等の発生しないインターンシップに従事する場合は、資格外活動許可を受ける必要はありません。

②海外の大学生が日本の大学等に在籍せず日本でインターンシップを希望する場合

インターンシップによる給与の有無やインターンシップの期間によって該当するビザが異なります。

この場合のインターンシップは、海外の大学の「教育課程の一部」として行なわれるため、インターンシップを実施する日本の企業において、学生を受け入れる十分な体制と指導体制が確保されていること、単位の取得が可能であるなど学業の一環として実施され、インターンシップの内容と学生の専攻に関連があることが必要となります。

【インターンシップでの給与が発生する場合】

　海外の大学に在籍している外国人が、日本の企業で給与の発生するインターンシップを行なう場合は、「特定活動（告示9号）」ビザを得る必要があります。

　インターンシップを行なう予定の企業等が、在留資格認定証明書交付申請を行ないます。

　このインターンシップは、1年を超えない期間であること、通算して大学の修業年限の2分の1を超えない期間であること、そして当該大学を卒業または修了した人に対し、学位の授与が行なわれる教育機関に在籍している必要があります。

【インターンシップでの給与が発生しない場合】

　海外の大学に在籍している人が、給与の発生しないインターンシップを行なう場合は、期間に応じて必要なビザが異なります。

（1）インターンシップ期間が90日を超える場合…「文化活動」ビザを得る必要があります。インターンシップを行なう予定の企業等が在留資格認定証明書交付申請を行ないます。

（2）インターンシップ期間が90日以下の場合…「短期滞在」ビザで入国します。

　なお、査証免除対象国・地域以外の国籍・地域出身の人については、来日前に査証の申請が必要です。

③短期間のインターンシップ（サマージョブ）の場合

　「サマージョブ」といった学業の遂行や将来の就業のために、夏季休暇等の期間（3か月を超えない期間）を利用し、給与を得て日本の企業等の業務に従事することは「特定活動（告示12号）」ビザに該当します。サマージョブと呼ばれていますが、夏季休暇には限りません。

　このサマージョブと前述②のインターンシップとの違いは、「教育課程の一部」である必要がなく、単位授与の必要がないことです。

◎インターンシップの取扱いに関する比較表◎

現在の状況	給与	従事する時間・期間	必要な手続き・ビザ
「留学」または「特定活動（※）」ビザで日本に滞在中（※継続就職活動・就職内定者）	あり	週28時間以内	資格外活動許可（包括許可）
		週28時間超	資格外活動許可（個別許可）
	なし	―	不要
海外の大学に在籍中	あり	1年を超えない期間	特定活動（告示9号）インターンシップ
		3か月を超えない期間	特定活動（告示12号）サマージョブ
	なし	90日以上	文化活動
		90日以内	短期滞在

（出典：法務省 出入国在留管理庁。資料を一部改変）

　以上、インターンシップに関する取扱いをまとめると、上表のようになります。

「特定活動」ビザの場合の雇用

　特定活動ビザとは、個別にそれぞれ決められた滞在内容によって許可されるものです。働ける人もいれば、働くことができない人もいます。

　在留カードには、「特定活動」とだけ記載されており、詳細な内容を把握することができないため、詳細はパスポートに添付された「指定書」で確認します。

　特定活動ビザの外国人の場合、従事する業務などが個々に指定されている活動の範囲内であれば、雇用することが可能です。

　アルバイトを雇用する際に目にすることの多い特定活動の2種類についてみていきましょう。

①ワーキング・ホリデー

　ワーキング・ホリデー制度とは、お互いの国・地域の青少年に対し、休暇目的での入国および滞在期間中における旅行・滞在資金を補うための付随的な就労を認める制度です。

　滞在期間は1年間で、就労が認められるため、多くの外国人はアルバイト等をしながら日本で生活をしています。

　現在、日本は26か国との間で、ワーキング・ホリデー制度を導入しています。

―――――【ワーキング・ホリデー制度の導入国】―――――
オーストラリア、ニュージーランド、カナダ、韓国、
フランス、ドイツ、イギリス、アイルランド、デンマーク、
台湾、香港、ノルウェー、ポルトガル、ポーランド、
スロバキア、オーストリア、ハンガリー、スペイン、
アルゼンチン、チリ、アイスランド、チェコ、リトアニア、
スウェーデン、エストニア、オランダ

　ワーキング・ホリデービザで日本に滞在している外国人から応募があった場合も、新卒採用、中途採用と同様の流れで進めていきます。

　ワーキング・ホリデービザの確認方法は、在留カード上の在留資格欄に「特定活動」と記載されていること、パスポートに添付されている指定書の内容がワーキング・ホリデーであることで確認可能です。

　制度の趣旨から、働きながら滞在するということを目的としているので、アルバイトなどで雇用することに問題はありませんが、資格外活動許可と同様に風俗営業関連の業種で働くことはできません。

　認められる就労も、「旅行・滞在資金を補うための付随的な就労」とされているため、フルタイムでの雇用となる場合には、就労ビザ

への変更許可申請を行なう必要があります。

②難民認定申請中の外国人

　外国人が難民認定申請を行なうと、難民条約上の難民に明らかに該当しない申請などの場合を除き、特定活動ビザが許可されますが、就労については、許可される人と許可されない人に分かれます。

　難民条約上の難民である可能性が高いと思われる案件や、本国の情勢等により人道上の配慮を要する可能性が高いと思われる案件などの場合には、速やかに特定活動のビザが認められ、就労も可能となります。

　しかし、一部で、滞在目的や就労目的などの乱用的な申請も見受けられるため、疑義のある申請者には、特定活動ビザは認められるものの、就労が認められないことがあります。

　難民認定申請を行なっている外国人についても、パスポートに指定書が添付されていますので、必ずパスポートの指定書も確認し、就労可能な外国人なのかを確認しましょう。

　難民申請中の特定活動ビザは、留学生などの資格外活動と異なり、就労時間に制限はありませんが、資格外活動許可と同じように風俗営業関連の業種で働くことはできません。

社員として雇用している外国人の副業は可能か？

　柔軟な働き方の一環として、「副業」「兼業」を認める企業が増えています。

　しかし、外国人社員の場合、誰もが日本人と同様に副業ができるわけではありません。副業ができるのは、「身分にもとづくビザを保有している場合」「就労ビザの許可内の業務を社外で行なう場合または資格外活動許可を得た場合」「高度専門職の場合」などです。

　たとえば、技術・人文知識・国際業務ビザで民間の英会話講師として働いている外国人が、副業として社外で英会話レッスンを行なうことは、許可されているビザの内容と同じ内容であるため、問題

別記第六十七号様式 （第四十九条関係） （表）	番　　号	2020○○第○○号
	年　月　日	20XX年X月X日

日本国政府法務省

仮　放　免　許　可　書

出入国管理及び難民認定法第54条第2項
の規定により、仮放免します。

写真

1 氏　　名　　　　　　　　○○○○　　　　　　　男
　　　　　　　　　　　　　　　　　　　　　　　　女

2 生年月日　　　　　　　　19XX年X月X日

3 国籍・地域　　　　　○○国

4 住居地　　　　　　　埼玉県○○市○○X-X-X

5 仮放免の条件：裏面に記載のとおり。

　　　　出入国在留管理庁　　　　入国者収容所長

　　　　　　　　　　　　　　　　出入国在留管理局主任審査官

　　　　　　　　　　　　　　　　○○○○
　　　　　　　　　　　　　　　　署　　名

（裏）

仮 放 免 の 条 件

（1）住居

　　表記住居地に同じ
　　────────────────────────

（2）行動範囲
　　住居地の都道府県及び○○出入国在留管理局出頭の
　　際の出頭経路
　　────────────────────────

（3）出頭を命じられたときは、指定された日時及び場所に出頭しなけ
　　ればなりません。

（4）仮放免の期間

　　令和X年X月X日から令和X年X月X日X時まで
　　────────────────────────

（5）その他

　　職業又は報酬を受ける活動に従事できない
　　────────────────────────

注　意

　ア）住居を変更するときは、あらかじめ入国者収容所長又は主任審査
　　　官の承認を受けなければなりません。

　イ）旅行等の理由により行動範囲を拡大する必要があるときは、あら
　　　かじめ入国者収容所長又は主任審査官の承認を受けなければなり
　　　ません。

　ウ）上記の条件に違反したときは、仮放免を取り消し、保証金の全部
　　　又は一部を没収することがあります。

　エ）出頭の際は、本許可書を持参してください。

ありません。

　ＩＴ技術者が、社外でウェブサイト制作などの依頼を受けることもできます。所属する企業の数に制限があるものではなく、許可されたビザの範囲内の仕事であれば、複数社の仕事を受けることが可能です。

　しかし、許可されている業務の範囲外の仕事を行ないたい場合には、個別に資格外活動許可が必要となります。

　高度専門職ビザの場合は、優遇として許可された業務と関連する事業であれば、起業して事業の経営をすることも可能です。

　しかし、許可された業務と別内容の副業を行なう場合には、個別に資格外活動許可が必要となります。

仮放免許可証を持った外国人は雇用できるのか？

　「在留カードは持っていないが、仮放免許可証を持っている」という外国人には注意が必要です。

　仮放免許可書を持っている外国人は、不法滞在などの入管法違反の疑いで手続中であるか、すでに退去強制（いわゆる強制送還）されることが決定した人で、どちらも本来であれば、出入国在留管理局の収容施設に収容されるべきですが、健康上の理由などさまざまな事情によって一時的に収容を解かれている人です。

　仮放免許可書の裏面に「職業又は報酬を受ける活動に従事できない」という条件が記載されている場合には、就労することはできません。

　もし、仮放免中で就労が許可されていない外国人を働かせた場合は、企業側も不法就労の処罰対象となります。

4章

外国人労働者の
労務管理のポイント

執筆◎佐藤 広一

4-1
外国人労働者の雇用管理の改善等に関して事業主が適切に対処するための指針

厚生労働省の指針とは

厚生労働省は、外国人労働者の雇用管理の改善が事業主の努力義務であることを明確に示すために、「**外国人労働者の雇用管理の改善等に関して事業主が適切に対処するための指針**」（厚生労働省告示第106号／平成31年3月29日）を発出しています。

この指針は、外国人労働者が日本で安心して働き、その能力を十分に発揮する環境が確保されるよう、事業主が行なうべき事項について定めています。いわば、国が示す外国人雇用の羅針盤ともいうべき内容であり、外国人を雇い入れているすべての事業主が確認すべき大切な指針であるといえます。

この指針の基本的な考え方として、事業主は外国人労働者について、労働関係法令および社会保険関係法令は国籍にかかわらず適用されることから事業主はこれらを遵守すること、そして、外国人労働者が適切な労働条件および安全衛生のもと、在留資格の範囲内で能力を発揮しつつ就労できるよう、この指針で定める事項について、適切な措置を講ずることが求められることになります。

募集・採用時においては、国籍で差別しない公平な採用選考を行なうことが必要であり、日本国籍でないこと、外国人であることのみを理由に、求人者が採用面接などへの応募を拒否することは、公平な採用選考の観点から適切とはいえないことになります。

また、**法令の適用**については、労働基準法や健康保険法などの労働関係法令および社会保険関係法令は、国籍を問わず外国人にも適用され、労働条件面での国籍による差別が禁止されています。

適正な人事管理については、労働契約の締結に際し、賃金、労働時間等、主要な労働条件について書面等で明示することが必要です。

その際、母国語等により外国人が理解できる方法で明示するよう努めることが求められます。

賃金の支払い、労働時間管理、安全衛生の確保等については、労働基準法、最低賃金法、労働安全衛生法等に従って適切に対応し、人事管理に当たっては、職場で求められる資質、能力等の社員像の明確化、評価・賃金決定、配置等の運用の透明性・公正性を確保し、環境の整備に努める必要があります。

また、**解雇等の予防および再就職援助**については、労働契約法にもとづき解雇や雇止めが認められない場合もあり、安易な解雇等を行なわないようにするほか、やむを得ず解雇等を行なう場合には、再就職希望者に対して在留資格に応じた再就職が可能となるよう必要な援助を行なうよう努めることが必要です。

なお、業務上の負傷や疾病の療養期間中の解雇や、妊娠や出産等を理由とした解雇は禁止されています。

指針の構成はどうなっている？

この厚生労働省の指針の構成は、以下のとおりです。

外国人労働者の雇用管理の改善等に関して
事業主が適切に対処するための指針

1．外国人労働者の雇用管理の改善等に関して事業主が努める
　　べきこと
（1）外国人労働者の募集及び採用の適正化
①募集
②採用
（2）適正な労働条件の確保
①均等待遇
②労働条件の明示

---

③賃金の支払い

④適正な労働時間の管理等

⑤労働基準法等の周知

⑥労働者名簿等の調製

⑦金品の返還等

⑧寄宿舎

⑨雇用形態又は就業形態に関わらない公正な待遇の確保

（３）安全衛生の確保

①安全衛生教育の実施

②労働災害防止のための日本語教育等の実施

③労働災害防止に関する標識、掲示等

④健康診断の実施等

⑤健康指導及び健康相談の実施

⑥母性保護等に関する措置の実施

⑦労働安全衛生法等の周知

（４）労働・社会保険の適用等

①制度の周知及び必要な手続きの履行等

②保険給付の請求等についての援助

（５）適切な人事管理、教育訓練、福利厚生等

①適切な人事管理

②生活支援

③苦情・相談体制の整備

④教育訓練の実施等

⑤福利厚生施設

⑥帰国及び在留資格の変更等の援助

⑦外国人労働者と共に就労する上で必要な配慮

（６）解雇等の予防及び再就職の援助

①解雇

②雇止め

③再就職の援助

④解雇制限

⑤妊娠、出産等を理由とした解雇の禁止

（7）労働者派遣又は請負を行う事業主に係る留意事項

①労働者派遣

②請負

（8）外国人労働者の雇用労務責任者の選任

（9）外国人労働者の在留資格に応じて講ずべき必要な措置

①特定技能の在留資格をもって在留する者に関する事項

②技能実習生に関する事項

③留学生に関する事項

　それでは、それぞれの事項について次項でポイントを確認していきましょう。

4-2

外国人労働者の雇用管理の改善等に関して事業主が努めるべきこと

外国人労働者の募集および採用の適正化

①募　集

　募集に当たって、従事すべき業務内容、労働契約期間、就業場所、労働時間や休日、賃金、労働・社会保険の適用等について、書面の交付等により明示することが求められ（職業安定法第５条の３）、特に、外国人が国外に居住している場合は、事業主による渡航・帰国費用の負担や住居の確保等、募集条件の詳細について、あらかじめ明確にするよう努めることが必要です。

　外国人労働者のあっせんを受ける場合は、当然のことながら許可または届出のある職業紹介事業者より受けるものとし、職業安定法または労働者派遣法に違反する事業者からはあっせんを受けることはできません。

　なお、職業紹介事業者が違約金または保証金を労働者から徴収することは、職業安定法第33条の５違反となります。

　国外に居住する外国人労働者のあっせんを受ける場合は、違約金または保証金の徴収等を行なう者を取次機関として利用する職業紹介事業者等からあっせんを受けることはできません。

　また、職業紹介事業者に対し求人の申込みを行なうに当たり、国籍による条件を付すなど差別的取扱いをしないよう十分に留意しなければならず、労働契約の締結に際し、募集時に明示した労働条件を変更等する場合は、変更内容等について、書面の交付等により明示することが必要です。

②採　用

　採用に当たって、あらかじめ、在留資格上、従事することが認め

られる者であることを確認することとし、従事することが認められ
ない者については、採用することはできません。

　また、在留資格の範囲内で、外国人労働者がその有する能力を有
効に発揮できるよう、公平な採用選考に努めることが必要です。

適正な労働条件の確保

①均等待遇

　労働基準法第3条は、「使用者は、労働者の国籍、信条又は社会
的身分を理由として、賃金、労働時間その他の労働条件について、
差別的取扱をしてはならない」と定めており、労働者の国籍を理由
とした差別的取扱いを禁止しています。

　外国人であることを理由に、極端に低い賃金で労働させることな
どは当然ながら認められず、これに違反した場合には6か月以下の
懲役または30万円以下の罰金刑となります。

②労働条件の明示

　労働契約の締結に際し、賃金、労働時間等、主要な労働条件につ
いて、書面の交付等により明示しなければならず、その際、外国人
労働者が理解できる方法により明示するよう努める必要があります。

　この場合、母国語その他当該外国人が使用する言語または平易な
日本語を用いる等、理解できる方法により明示することが求められ
ます。

③賃金の支払い

　外国人労働者に対しても、最低賃金額以上の賃金を支払うととも
に、基本給、割増賃金等の賃金を全額支払うことが求められます。

　居住費等を賃金から控除等する場合、労基法第24条の定めにより
「賃金控除に関する労使協定」が必要となります。また、控除額は
実費を勘案し、不当な額とならないようにしなければなりません。

④適正な労働時間の管理等

法定労働時間の遵守等、適正な労働時間の管理を行なうとともに、時間外・休日労働の削減に努める必要があります。

また、労働時間の状況の把握に当たっては、タイムカード、ＩＣカード等による記録等の客観的な方法、その他適切な方法によるものとされています。

さらに、労基法第39条により、年次有給休暇を与えるとともに、時季指定により与える場合には、外国人労働者の意見を聴き、尊重するよう努める必要があります。

⑤労働基準法等の周知

労働基準法等の定めるところにより、その内容、就業規則、労使協定等について周知を行なうことが必要です。その際には、外国人労働者の理解を促進するために、必要な配慮をするよう努めなければなりません。

この「周知」とは、外国人労働者がその内容を知っている、または知り得る状態に置かれていることをいい、労基法第106条において、「使用者は、就業規則を、常時各作業場の見やすい場所へ掲示し、または備え付けること、書面を交付することその他の厚生労働省令で定める方法によって、労働者に周知させなければならない」とされています。

⑥労働者名簿等の調製

労働者名簿、賃金台帳および年次有給休暇簿を調製する必要があります。外国人労働者であっても、一定の要件を満たすことで年次有給休暇は当然に発生します。このため、年次有給休暇管理簿をしっかり調製し、３年間保存しなければなりません。

⑦金品の返還等

労基法第23条には、「使用者は、労働者の死亡又は退職の場合に

おいて、権利者の請求があった場合においては、7日以内に賃金を支払い、積立金、保証金、貯蓄金その他名称の如何を問わず、労働者の権利に属する金品を返還しなければならない」と定められています。

　事業主は、外国人労働者の旅券、在留カード等を保管しないようにするとともに、この規定に準じて、退職の際には、当該労働者の権利に属する金品を返還しなければなりません。

⑧寄宿舎

　労基法第94条において、「事業の附属寄宿舎に労働者を寄宿させる使用者は、下記事項について寄宿舎規則を作成し、行政官庁に届け出なければならない。これを変更した場合においても同様である」と規定されており、労働者の健康の保持等に必要な措置を講ずることが必要です。

- ●起床、就寝、外出および外泊に関する事項
- ●行事に関する事項
- ●食事に関する事項
- ●安全および衛生に関する事項
- ●建設物および設備の管理に関する事項

⑧雇用形態または就業形態に関わらない公正な待遇の確保

　外国人労働者についても、短時間・有期雇用労働法または労働者派遣法に定める、正規雇用労働者と非正規雇用労働者との間の不合理な待遇差や差別的取扱いの禁止に関する規定を遵守する必要があります。

　これは、改正パート有期労働法および改正労働者派遣法の施行に伴う、いわゆる「同一労働・同一賃金」の概念です。

　また、外国人労働者から求めがあった場合、通常の労働者との待

遇の相違の内容および理由等について説明しなければなりませんが、この場合、母国語その他当該外国人が使用する言語または平易な日本語を用いる等、理解できる方法により明示するよう努める必要があります。

安全衛生の確保

①安全衛生教育の実施

労働安全衛生法第59条において、「事業者は、労働者を雇い入れたときは、当該労働者に対し、厚生労働省令で定めるところにより、その従事する業務に関する安全又は衛生のための教育を行わなければならない」と規定されています。

この安全衛生教育を実施するに当たっては、当該外国人労働者がその内容を理解できる方法により行なうことが必要です。特に、使用させる機械等、原材料等の危険性または有害性およびこれらの取扱い方法等が確実に理解されるよう留意しなければなりません。

この場合、母国語その他当該外国人が使用する言語または平易な日本語を用いる等、理解できる方法により明示するよう努める必要があります。

②労働災害防止のための日本語教育等の実施

外国人労働者が労働災害防止のための指示等を理解することができるようにするため、必要な日本語および基本的な合図等を習得させるよう努める必要があります。

③労働災害防止に関する標識、掲示等

事業場内における労働災害防止に関する標識、掲示等について、図解等の方法を用いる等、外国人労働者がその内容を理解できる方法により行なうよう努める必要があります。

④健康診断の実施等

外国人労働者においても、健康診断（労働安全衛生法第66条）や常時50人以上の労働者を使用している事業場の場合はストレスチェック（同法第66条の10）を実施しなければなりません。

⑤健康指導および健康相談の実施

産業医、衛生管理者等による健康指導および健康相談を行なうよう努める必要があります。

⑥母性保護等に関する措置の実施

女性である外国人労働者に対し、産前産後休業（労基法第65条）や妊娠中および出産後の健康管理に関する措置（男女雇用機会均等法第12条、第13条）等、必要な措置を講じなければなりません。

⑦労働安全衛生法等の周知

労働安全衛生法等の定めるところにより、その内容について周知を行なうことが必要です。その際には、外国人労働者の理解を促進するために、必要な配慮をするよう努める必要があります。

労働・社会保険の適用等

①制度の周知および必要な手続きの履行等

労働保険や社会保険に係る法令の内容および保険給付に係る請求手続き等について、外国人労働者が理解できる方法により周知に努めるとともに、被保険者に該当する外国人労働者に係る適用手続き等、必要な手続きをとることが必要です。

また、外国人労働者が離職した際には、被保険者証を回収するとともに、国民健康保険および国民年金の加入手続きが必要になる場合は、その旨を教示するよう努めなければなりません。

そして、健康保険および厚生年金保険が適用にならない事業所においては、国民健康保険・国民年金の加入手続きについて必要な支

援を行なうよう努めることが必要であり、労働保険の適用が任意の事業所においては、外国人労働者を含む労働者の希望等に応じ、労働保険への加入申請を行なうことが求められます。

②保険給付の請求等についての援助

外国人労働者が離職する場合には、離職票の交付等、必要な手続きを行なうとともに、失業等給付の受給に係る公共職業安定所（ハローワーク）の窓口の教示、その他必要な援助を行なうよう努めなければなりません。

また、労働災害等が発生した場合には、労災保険給付の請求その他の手続きに関し、外国人労働者やその家族等からの相談に応ずることとともに、必要な援助を行なうよう努めることが必要です。

外国人労働者が病気、負傷等（労働災害によるものを除く）のために就業することができない場合には、健康保険の傷病手当金が支給され得ることについて、教示するよう努める必要があり、傷病によって障害の状態になったときは、障害年金が支給され得ることについて、教示するよう努めることが求められます。

そして、公的年金の加入期間が6か月以上の外国人労働者が帰国する場合は、帰国後に脱退一時金の支給を請求し得る旨や、請求を検討する際の留意事項について説明し、年金事務所等の関係機関の窓口を教示するよう努めなければなりません（166ページ参照）。

適切な人事管理、教育訓練、福利厚生等

①適切な人事管理

外国人労働者が円滑に職場に適応できるよう、社内規程等の多言語化等、職場における円滑なコミュニケーションの前提となる環境の整備に努めなければなりません。

また、職場で求められる資質、能力等の社員像の明確化、評価・賃金決定、配置等の人事管理に関する運用の透明性・公正性の確保等、多様な人材が適切な待遇のもとで、能力を発揮しやすい環境の

整備に努めることが求められます。

②生活支援

　日本語教育および日本の生活習慣、文化、風習、雇用慣行等について、理解を深めるための支援を行なうとともに、地域社会における行事や活動に参加する機会を設けるよう努めなければなりません。

　また、居住地周辺の行政機関等に関する各種情報の提供や同行等、居住地域において安心して生活するために必要な支援を行なうよう努めることが必要です。

③苦情・相談体制の整備

　外国人労働者の苦情や相談を受け付ける窓口の設置等、体制を整備し、日本における生活上または職業上の苦情・相談等に対応するよう努めるとともに、必要に応じ行政機関の設ける相談窓口についても教示するよう努めなければなりません。

④教育訓練の実施等

　教育訓練の実施、その他必要な措置を講ずるように努めるとともに、母国語による導入研修の実施等、働きやすい職場環境の整備に努めなければなりません。

⑤福利厚生施設

　適切な宿泊の施設を確保するように努めるとともに、給食、医療、教養、文化、体育、レクリエーション等の施設の利用について、十分な機会が保障されるように努めなければなりません。

⑥帰国および在留資格の変更等の援助

　在留期間が満了し、在留資格の更新が行なわれない場合には、雇用関係を終了し、帰国のための手続きの相談等を行なうよう努める必要があります。

また、外国人労働者が病気等やむを得ない理由により帰国に要する旅費を支弁できない場合には、当該旅費を負担するよう努めなければならず、在留資格の変更等の際は、手続きに当たっての勤務時間の配慮等を行なうよう努める必要があります。

　なお、外国人労働者が一時帰国を希望する場合には、休暇取得への配慮等、必要な援助を行なうよう努めることが求められます。

⑦外国人労働者とともに就労するうえで必要な配慮

　日本人労働者と外国人労働者とが、文化、慣習等の多様性を理解しつつ、ともに就労できるよう努める必要があります。

解雇等の予防および再就職の援助

①解　雇

　事業規模の縮小等を行なう場合であっても、外国人労働者に対して、安易な解雇を行なわないようにしなければなりません。

②雇止め

　外国人労働者に対して、安易な雇止めを行なわないようにしなければなりません。

③再就職の援助

　外国人労働者が、解雇（自己の責めに帰すべき理由によるものを除く）その他事業主の都合により離職する場合において、当該外国人労働者が再就職を希望するときは、関連企業等へのあっせん、教育訓練等の実施・受講あっせん、求人情報の提供等、当該外国人労働者の在留資格に応じた再就職が可能となるよう、必要な援助を行なうよう努めなければなりません。

④解雇制限

　労基法第19条の定めにより、外国人労働者が業務上負傷し、また

は疾病にかかり、療養のために休業する期間およびその後の30日間等、解雇が禁止されている期間があることに留意しなければなりません。

⑤妊娠、出産等を理由とした解雇の禁止

女性である外国人労働者が婚姻し、妊娠し、または出産したことを退職理由として予定する定めをしてはならず、また、妊娠、出産等を理由として、解雇その他不利益な取扱いをしてはなりません。

労働者派遣または請負を行なう事業主に係る留意事項

①労働者派遣

派遣元事業主は、労働者派遣法を遵守し、以下の事項について適正な事業運営を行なわなければなりません。

- 従事する業務内容、就業場所、派遣する外国人労働者を直接、指揮命令する者に関する事項等、派遣就業の具体的内容を派遣する外国人労働者に明示する。
- 派遣先に対し、派遣する外国人労働者の氏名、雇用保険および社会保険の加入の有無を通知する等

また、派遣先は、労働者派遣事業の許可または届出のない者からは、外国人労働者に係る労働者派遣を受けてはいけません。

②請　負

請負を行なう事業主にあっては、請負契約の名目で実質的に労働者供給事業または労働者派遣事業を行なわないよう、職業安定法および労働者派遣法を遵守しなければなりません。

また、雇用する外国人労働者の就業場所が、注文主である他事業主の事業所内である場合には、当該注文主が当該外国人労働者の使用者であるとの誤解を招くことのないよう、当該事業所内で業務の

処理の進行管理を行なう必要があります。

　なお、当該事業所内で、雇用労務責任者等に人事管理、生活支援等の職務を行なわせることが必要であり、外国人労働者の希望により、労働契約の期間をできる限り長期のものとし、安定的な雇用の確保に努めなければなりません。

外国人労働者の雇用労務責任者の選任

　外国人労働者を常時10人以上雇用するときは、この指針に定める雇用管理の改善等に関する事項等を管理させるため、人事課長等を雇用労務責任者として選任する必要があります。

外国人労働者の在留資格に応じて講ずべき必要な措置

①特定技能の在留資格をもって在留する者に関する事項

　出入国管理及び難民認定法等に定める雇用契約の基準や受入れ機関の基準に留意するとともに、必要な届出・支援等を適切に実施する必要があります。

②技能実習生に関する事項

　「技能実習の適正な実施及び技能実習生の保護に関する基本方針」等の内容に留意し、技能実習生に対し実効ある技能等の修得が図られるように取り組む必要があります。

③留学生に関する事項

　新規学卒者等を採用する際には、留学生であることを理由として、その対象から除外することのないようにするとともに、企業の活性化・国際化を図るためには、留学生の採用も効果的であることに留意しなければなりません。

　そして、新規学卒者等として留学生を採用する場合は、当該留学生が在留資格の変更の許可を受ける必要があることに留意することが必要です。

　また、インターンシップ等の実施に当たっては、本来の趣旨を損なわないよう留意するとともに、アルバイト等で雇用する場合には、資格外活動許可が必要であることや、資格外活動が原則として週28時間以内に制限されていることに留意しなければなりません。

　この「外国人雇用管理指針」において、賃金、労働時間などの主要な労働条件を、母国語など、外国人労働者が理解できる方法で明示・説明することが事業主に求められているわけですが、一方で、日本で働く外国人労働者の多国籍化・多言語化も進み、中小企業をはじめとして、労働法令に関する用語などを正確に、かつ、ただちに外国語訳することが難しいケースも生じています。

　また、日本の法制度や雇用慣行に詳しくない外国人労働者に対しても、「なぜ職場のルールがそうなっているのか」という理由や背景も含めて納得し、理解を深めてもらうことが重要であるといえます。

　そこで厚生労働省は、企業の人事・労務に関する多言語による説明や、「お困りごと」の背景にある文化ギャップを埋めることに役立つように、以下の3つの支援ツールを作成しています。

---

①雇用管理に役立つ多言語用語集
- 人事・労務の場面でよく使用する労働関係、社会保険関係の用語約420語の定義・例文を、やさしい日本語＋9言語で検索できる用語集。
- エクセルファイルのほか、厚生労働省ウェブサイトから「カテゴリーから」または「五十音順から」検索が可能。

②外国人社員と働く職場の労務管理に使えるポイント・例文集
　〜日本人社員、外国人社員ともに働きやすい職場をつくるために〜
- 全9カテゴリーの、雇用管理で実際に想定される場面ごとに、

事業主・人事担当者が、外国人労働者に説明する前に読んで理解しておくとよいポイントと、実際に外国人労働者にそのまま話したり見せたりして理解を深めてもらうことをめざした「やさしい日本語」による説明の例文や図表を紹介。

③モデル就業規則 やさしい日本語版

　これらは、厚生労働省のホームページ上で公開していますので、活用を強くお勧めします。

【サイトのアドレス】
https://www.mhlw.go.jp/stf/seisakunitsuite/bunya/koyou_roudou/koyou/jigyounushi/tagengoyougosyu.html

4-3

労働条件通知書と
就業規則の取扱い

👤 労働条件の明示

　外国人労働者に対しては、労働基準法をはじめとする労働法規は当然に適用されることになります。

　そのため、外国人労働者を雇い入れる場合においても、労働条件を明示しなければならない義務が課せられています（労基法第15条、同法施行規則第5条）。

　明示すべき労働条件は、必ず明示しなければならない「**絶対的明示事項**」と、定めをした場合に明示しなければならない「**相対的明示事項**」に区分されます。

【絶対的明示事項】

（①〜⑥は書面による明示が必要）

①契約期間に関すること

②期間の定めがある契約を更新する場合の基準に関すること

③就業場所、従事する業務に関すること

④始業・終業時刻、休憩、休日などに関すること

⑤賃金の決定方法、支払時期などに関すること

⑥退職に関すること（解雇の事由を含む）

⑦昇給に関すること

【相対的明示事項】

①退職手当に関すること

②賞与などに関すること

③食費、作業用品などの負担に関すること

---

④安全衛生に関すること

⑤職業訓練に関すること

⑥災害補償などに関すること

⑦表彰や制裁に関すること

⑧休職に関すること

　これらの明示に当たっては、労働者が希望した場合は、FAXや電子メール等の方法で明示することができます。ただし、書面として出力できるものに限られます。

　外国人労働者との労働契約の締結に際しては、その言語や文化の相違から賃金その他の主要な労働条件をめぐってトラブルに発展することが考えられますので、書面による明確な明示がより一層求められます。

　厚生労働省では、外国人労働者向けにモデル労働条件通知書をホームページ上で公開していますので、ぜひ活用しましょう。

【サイトのアドレス】

https://www.mhlw.go.jp/new-info/kobetu/roudou/gyousei/leaflet_kijun.html

　英語、中国語、韓国語、ポルトガル語、スペイン語、タガログ語、インドネシア語、ベトナム語、クメール語、モンゴル語、ミャンマー語、ネパール語、タイ語などがアップロードされています。

◎「労働条件通知書（英語版）」とはこんなもの◎

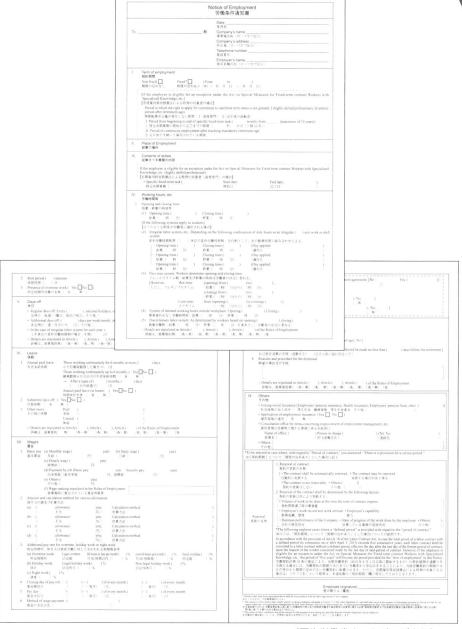

（厚生労働省ホームページより）

👤 就業規則の作成

　常時10人以上の労働者を使用している場合は、就業規則を作成し、労働者代表の意見書を添えて、所轄労働基準監督署に届け出なければなりません。また、就業規則を変更した場合も同様です（労基法第89条、第90条）。

　ここでいう「常時10人以上の労働者」には、当然ながら外国人労働者も含まれますので、就業規則を作成または変更し、作業場の見やすい場所に掲示するなどの方法により、労働者に周知しなければなりません。

　就業規則の作成において注意すべき事項として、外国人であることのみをもって異なる内容の就業規則に定め、これを適用するのは、国籍により労働条件に差異を設けているとして、労基法第3条に違反する可能性があることです。

　原則として既存の就業規則を適用し、そのうえで、当該外国人労働者固有の労働条件については、個別の労働契約によって合意することが妥当であると考えられますが、一方で、一定数の外国人が決まった業務に従事し、その労働契約が他の日本人労働者と異なる場合には、当該外国人労働者に適用される新たな就業規則を作成するほうがわかりやすいともいえます。

　なお、個別の合意を行なう際に、就業規則の基準に満たない労働条件が定められている場合は、その部分が無効となり、就業規則の基準が適用されることになる、いわゆる**補充的効力が発生する**ことに留意しなければなりません（労働契約法第12条）。

　また、就業規則の周知においては、日本語を判読できない外国人労働者を雇い入れる場合も想定され、わが国の労働慣行や会社としてのルールなどを適正に伝達する必要性から、母国語を用いた就業規則を作成することが望ましい対応であるといえます。

　厚生労働省では、外国人労働者向けにモデル就業規則（The Model Rules of Employment）もホームページ上で公開しています

◎「就業規則（英語版）」とはこんなもの◎

The Model Rules of Employment

March 2013

Ministry of Health, Labour and Welfare
Labour Standards Bureau, Inspection Division

Introduction

1. Purpose of the rules of employment

It is important for every business, regardless of its size or field of the business, to create a pleasant workplace where employees can work in a safe environment. Setting the rules of employment in advance that clearly stipulate terms and conditions of employment and the standards for treatment, including working hours, wages, rules on personnel and duties, is essential to not cause disputes between an employer and employees.

2. Contents of the rules of employment

There are matters that are absolutely required to be set forth (hereinafter referred to as the "mandatory matters") in the rules of employment pursuant to Article 89 of the Labour Standards Act, Act No.49 of 1947 (hereinafter referred to as "Labour Standards Act"), and matters that are required to be set forth in the rules of employment in the case where a company provides their own rules for each workplace (hereinafter referred to as "the conditional mandatory matters"). There also are optional matters that can be set forth in the rules of employment at the employer's discretion.

> (1) The mandatory matters are as follows: Working hours
> (2) matters pertaining to the times at which work begins and at which work ends, rest periods, days off, leaves, and matters pertaining to shifts when workers are employed in two or more shifts; Wages
> (3) matters pertaining to the methods for determination, computation and payment of wages, the dates for closing accounts for wages and for payment of wages; and increases in wages; Retirement
> matters pertaining to retirement (including grounds for dismissal);

The conditional mandatory matters are as follows:
> (1) Severance pay
> matter pertaining to the range of workers covered, methods for determination, computation, and payment of severance pay, and the dates for payment of severance pay;
> (2) Special wages and/or the amount of minimum wage
> matters pertaining to special wages and the like (but excluding severance pay) and minimum wage amounts;
> (3) Costs to employees
> matters pertaining to having workers bear the cost of food, supplies for work and other expenses;
> (4) Safety and health
> matters pertaining to safety and health;
> (5) Vocational training
> matters pertaining to vocational training;
> (6) Accident compensation and support for injury or illness outside the course of employment matters pertaining to accident compensation and support for injury or illness outside the course of employment;
> (7) Commendations and sanctions matters pertaining to commendations and sanctions, and to their kind and degree;
> (8) Miscellaneous
> matters pertaining to the rules applicable to all workers at a workplace;

The rules of employment shall not infringe upon any laws and regulations or the collective

2

Chapter 1 General Provisions

General Provisions generally stipulate purposes for drawing up the rules of employment and the scope of the application of the rules.

(Purposes)
Article 1 The rules of employment (hereinafter referred to as "the rules of employment") provide stipulations pertaining to employment for the workers at _____ Corporation conforming to Article 89 of the Labour Standards Act (hereinafter referred to as "Labour Standards Act").
2. The Labour Standards Act and other labour laws apply to all matters pertaining to employment including what is stipulated in these rules.

[Article 1 Purposes]
1. This example of the rules of employment (hereinafter referred to as "this example of the rules") provides stipulations pertaining to the employment of workers. However, the legal standards which precede the rules of employment are stipulated in the relevant laws, such as the Labour Standards Act.
2. Not all matters pertaining to the employment of workers are stipulated in this example of the rules. The matters that are not set forth in this example of the rules are governed by the relevant laws, such as the Labour Standards Act.
3. A labour contract that stipulates terms and conditions of employment that do not meet the standards established by the rules of employment shall be invalid with regard to such portions. In such case, the portions which have become invalid shall be in accordance with the standards established by the rules of employment (Article 12 of the Labour Contract Act: Law No. 128 of 2007. Hereinafter referred to as the "Contract Act"). Furthermore, the rules of employment shall not infringe upon any laws and regulations or the collective agreement with a union applicable to the workplace concerned (Article 92 of the Labour Standards Act).

(Scope of application)
Article 2 These rules of employment shall apply to all workers employed by _____ Corporation.
2. The matters pertaining to employment of part time workers are stipulated in a different set of rules.
3. The matters that are not stipulated in the different set of rules set forth in the preceding provision, are governed by these rules of employment.

[Article 2 Scope of application]
1. An employer is required to draw up the rules of employment to be applicable to all workers. However, the rules of employment don't have to be identical for all workers. Even at the same location of a business, an employer may establish special provisions concerning a specific matter or provide a different set of rules of employment for part time workers whose terms and conditions of employment are different from those of regular employees. This example of the rules of employment is designed to have a different set of the rules of employment concerning the employment of part time workers. The examples of the rules of employment for part time workers are found at each location in PDF format and WORD format.
In the case where some or all parts of the rules are not applicable to part time workers, such conditions must be clearly set forth in the rules of employment, then the employer must establish the provisions or prepare another set of rules of employment that are applicable to part time workers.

7

（厚生労働省ホームページより）

ので、こちらも活用をお勧めします。

【サイトのアドレス】

https://www.mhlw.go.jp/stf/seisakunitsuite/bunya/koyou_
roudou/roudoukijun/foreign/index.html

外国人労働者の賃金の決定方法

外国人労働者も最低賃金法の適用対象

外国人労働者についても、最低賃金法の適用対象となりますから、地域別最低賃金あるいは特定（産業別）最低賃金以上の賃金を支払う必要があります。

ちなみに、2021年度における地域別最低賃金は下表のとおりです（時間額・単位：円）。

北海道	889	石　川	861	岡　山	862		
青　森	822	福　井	858	広　島	899		
岩　手	821	山　梨	866	山　口	857		
宮　城	853	長　野	877	徳　島	824		
秋　田	822	岐　阜	880	香　川	848		
山　形	822	静　岡	913	愛　媛	821		
福　島	828	愛　知	955	高　知	820		
茨　城	879	三　重	902	福　岡	870		
栃　木	882	滋　賀	896	佐　賀	821		
群　馬	865	京　都	937	長　崎	821		
埼　玉	956	大　阪	992	熊　本	821		
千　葉	953	兵　庫	928	大　分	822		
東　京	1,041	奈　良	866	宮　崎	821		
神奈川	1,040	和歌山	859	鹿児島	821		
新　潟	859	鳥　取	821	沖　縄	820		
富　山	877	島　根	824	加重平均	930		

また、外国人労働者においても、非正規雇用者の待遇改善、いわゆる「同一労働・同一賃金」の適用を受けます。

　つまり、短時間労働者、契約社員、派遣社員などの非正規雇用として業務に従事する外国人労働者に対しても、正規雇用者との間で不合理な待遇差を設けることは、パート有期労働法に抵触し、認められないことになります。

　したがって事業主は、①業務の内容、②責任の程度、③職務の内容および配置変更の範囲、④その他の事情を考慮し、当該考慮要素の差に応じた待遇差であることを、外国人労働者に説明する必要があります。

 外国人労働者の賃金はどれくらい？

　厚生労働省は、令和2年3月31日付発表の「令和元年 賃金構造基本統計調査」において、初めて外国人労働者の賃金について区分を設け、調査を行なっています。

　その結果の概要は、以下のとおりです。

【外国人労働者の賃金】

1．在留資格区分別にみた一般労働者の賃金

　一般労働者のうち外国人労働者の賃金は223.1千円。在留資格区分別では以下のとおり。

● 専門的・技術的分野（特定技能を除く）：324.3千円

● 身分にもとづくもの：244.6千円

● 技能実習：156.9千円

● その他（特定活動および留学以外の資格外活動）：214.9千円

（※参考）一般的労働者（短時間労働者以外の労働者）：

307.7千円

2．在留資格区分別にみた短時間労働者の賃金

　短時間労働者のうち外国人労働者の1時間当たり賃金は

1,066円。在留資格区分別では以下のとおり。

● 専門的・技術的分野（特定技能を除く）：1,882円
● 身分にもとづくもの：1,121円
● 技能実習：977円
● 留学（資格外活動）：1,024円
● その他（特定活動および留学以外の資格外活動）：1,033円
（※参考）短時間労働者：1,148円

　この調査結果をみると、「専門的・技術的分野（特定技能を除く）」の在留資格については324.3千円と、日本人労働者も含めた全体の平均である「一般的労働者（短時間労働者以外の労働者）：307.7千円」を上回っていますが、「技能実習」の在留資格は156.9千円であり、最低賃金の全国加重平均額が調査当時874円（令和3年度は930円）であること、高卒の初任給統計が167.4千円であることからすれば、高卒初任給には満たず、最低賃金に近い低水準となっていることがわかります（次ページ表の調査結果も参照してください）。

　この背景には、事業主のなかに「外国人労働者は日本人よりも割安な賃金で雇用できる」という思い込みがあるように感じられます。

　しかし、外国人労働者を廉価な賃金で雇い入れたとしても、雇用が定着せず、せっかく採用した人材の離職を招く結果となります。

　また、採用活動を繰り返すことによって、かえって人件費を高めるばかりかノウハウが蓄積せず、事業に支障をきたす恐れもあります。

　事業主には、こうした「思い込み」を改める必要があることを認識すべきであるといえます。

　さらに、外国人労働者の間では、給与明細書を見せ合う文化が散見され、待遇に差がみられる場合は、事業主に対して不満を訴えるばかりか、出勤を拒否し、母国へ帰国してしまうケースも発生しており、公平性を意識した対応が求められます。

◎一般労働者の在留資格区分別賃金（令和元年）◎

在留資格区分	賃金 （千円）	年齢 （歳）	勤続年数 （年）
外国人労働者計	**223.1**	33.4	3.1
専門的・技術的分野（特定技能を除く）	**324.3**	32.3	2.7
特定技能	—	—	—
身分にもとづくもの	**244.6**	42.4	5.2
技能実習	**156.9**	26.7	1.5
留学（資格外活動）	—	—	—
その他（特定活動および留学以外の資格外活動）	**214.9**	30.1	2.2

◎短時間労働者の在留資格区分別賃金（令和元年）◎

在留資格区分	1時間当たり賃金 （千円）	年齢 （歳）	勤続年数 （年）	実労働日数 （日）	1日当たり所定内実労働時間数 （時間）
外国人労働者計	**1,066**	29.1	1.7	13.8	6.3
専門的・技術的分野（特定技能を除く）	**1,882**	31.9	2.5	17.6	5.5
特定技能	—	—	—	—	—
身分にもとづくもの	**1,121**	44.3	3.5	15.2	6.0
技能実習	**977**	25.5	1.3	19.4	7.3
留学（資格外活動）	**1,024**	24.3	1.2	12.8	6.3
その他（特定活動および留学以外の資格外活動）	**1,033**	29.5	1.0	15.2	6.4

4-5

外国人労働者の人事評価

👤 事前に評価基準を説明しておく

　人事評価については、わが国において長く職能資格制度が運用されていた背景から、仕事の成果以外の業務プロセスや勤務態度、個人のスキルや能力などの要素が評価基準の一つとなっている企業が多くみられます。

　こうした評価基準は、外国人にはなじみにくい面もあるため、事前にどのような基準で評価するのかなど、評価制度の詳細を丁寧に説明し、当該外国人労働者が抱いている不公平感を軽減・払拭することが求められます。

　また、外国人労働者を評価する上司が、日頃の業務プロセス・進捗等について本人と十分にコミュニケーションを取れていないこともあり、評価や昇給について納得を得るためには、日本人に対する以上に丁寧な説明を行なうよう心がける必要があります。

　まずは、コミュニケーション不足が生じる原因について正確に分析する必要があり、単に本人の能力不足という短絡的なレッテル貼りをするのではなく、周囲の指示のしかたや文化的背景の問題に起因する可能性も検討する必要があります。

　仮に文化的背景の問題であれば、本人および上司や同僚といったまわりの従業員に対し、どうすれば適切なコミュニケーションが取れるか検討したうえで、すれ違いをなくすよう試みるなどの措置を講じることにより改善される可能性が高いといえるでしょう。

　一方で、本人の能力不足の問題である場合には、当該能力不足について、当該業務への適格性がないのか、日本語能力の問題なのかといった原因を把握し、その原因に応じた教育や指導の実施によって改善を図っていくことが重要です。

4-6

外国人労働者の
時間外・休日労働の取扱い

👤 労基法の法定労働時間、法定休日が適用される

　まず、在留資格によっては、就労時間に上限が設けられている場合があるので、**雇入れ時に、在留資格に応じた労働時間の上限の有無とその時間数を確認**する必要があります。

　たとえば、「留学」「家族滞在」の在留資格は、原則として就労活動は認められていませんが、資格外活動許可を得れば週28時間まで就労が可能であり、とりわけ「留学」の場合における長期休業期間中は、1日8時間以内で就業することができます。

　なお、留学生がアルバイトを掛け持ちするなど、複数の勤務先で就労する場合であっても、労働時間の合計を**週28時間以内**に収める必要がありますが、管理が不十分で上限時間を超過するケースも見られるので注意しなければなりません。

　また、当然のことながら、外国人労働者にも労働時間法制が適用され、原則として「**1日8時間、週40時間の法定労働時間**」の遵守が求められ（労基法第32条）、また、「**1週1回または4週4日の法定休日**」を付与することが必要です（同法第35条）。

　したがって、法定労働時間を超えて、または法定休日に外国人を就労させる場合には、**就業規則において時間外労働および休日労働を命じる根拠規定が必要**となるほか、時間外労働および休日労働に関する労使協定（いわゆる「36協定」）を締結し、労働基準監督署に届け出る必要があります（同法第36条）。

👤 長時間労働に要注意

　外国人雇用の労働時間管理において、とりわけ注視すべきなのは、「長時間労働」の問題です。

技能実習生に対して、３６協定上の限度時間を無視した時間外、休日労働を命じるケースや、外国人労働者が家族への送金等を目的として、自らの意思で限度時間を超えて長時間労働を希望するケースなどが散見されます。

　使用者には、本人の意思の如何を問わず、労働時間法制を遵守する義務があり、これがもとで慢性的な長時間労働が発生し、後に残業代請求や業務災害などの労使トラブルに発展してしまうこともあり、使用者責任は免れないので注意が必要です。

4-7
労働保険（労災保険・雇用保険）の資格取得と喪失手続き

「労働保険」とは

「労働保険」とは、「労働者災害補償保険」（一般に「**労災保険**」といいます）と「**雇用保険**」とを総称した概念であり、保険給付は両保険制度でそれぞれ別個に行なわれていますが、保険料の徴収等については、両保険は労働保険として、原則として一体のものとして取り扱われています。

労働保険は、農林水産の事業の一部を除き、労働者を1人でも雇っていれば適用事業となり、事業主は成立手続きを行ない、労働保険料を納付しなければなりません。

したがって、**外国人労働者であっても、1人でも雇用していれば労働保険は成立**します。

労災保険の取扱い

労災保険は、労働者が業務上の事由、2以上の事業の業務を要因とする事由または通勤が原因による疾病、負傷あるいは死亡した場合に、被災労働者や遺族を保護するために必要な保険給付を行なうものです（保険給付の種類については次ページの図を参照）。

また、労働者の社会復帰の促進など、労働者の福祉の増進を図るための事業も行なっています。

外国人労働者が1人でも、労働契約を締結して就労した場合には、**強制加入**となり、**事業主は保険料を全額負担**することになります。

◎労災保険の給付の種類◎

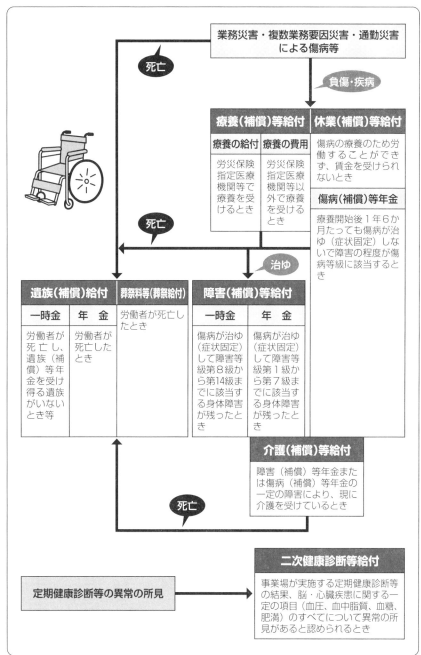

業務災害・複数業務要因災害・通勤災害による傷病等

負傷・疾病

療養（補償）等給付		休業（補償）等給付
療養の給付	療養の費用	傷病の療養のため労働することができず、賃金を受けられないとき
労災保険指定医療機関等で療養を受けるとき	労災保険指定医療機関等以外で療養を受けるとき	

傷病（補償）等年金

療養開始後1年6か月たっても傷病が治ゆ（症状固定）しないで障害の程度が傷病等級に該当するとき

治ゆ

遺族（補償）給付		葬祭料等(葬祭給付)	障害（補償）等給付	
一時金	年金	労働者が死亡したとき	一時金	年金
労働者が死亡し、遺族（補償）等年金を受け得る遺族がいないとき等	労働者が死亡したとき		傷病が治ゆ（症状固定）して障害等級第8級から第14級までに該当する身体障害が残ったとき	傷病が治ゆ（症状固定）して障害等級第1級から第7級までに該当する身体障害が残ったとき

介護（補償）等給付

障害（補償）等年金または傷病（補償）等年金の一定の障害により、現に介護を受けているとき

死亡

二次健康診断等給付

事業場が実施する定期健康診断等の結果、脳・心臓疾患に関する一定の項目（血圧、血中脂質、血糖、肥満）のすべてについて異常の所見があると認められるとき

定期健康診断等の異常の所見

死亡（複数箇所）

雇用保険の取扱い

　雇用保険は、労働者が失業した場合や労働者について雇用の継続が困難となる事由が生じた場合に、労働者の生活や雇用の安定を図るとともに、再就職を促進するため必要な給付を行なうものです（保険給付の種類については下図を参照）。

　また、失業の予防、労働者の能力の開発や向上、その他労働者の福祉の増進を図るための事業を行なっています。

◎雇用保険の給付の種類◎

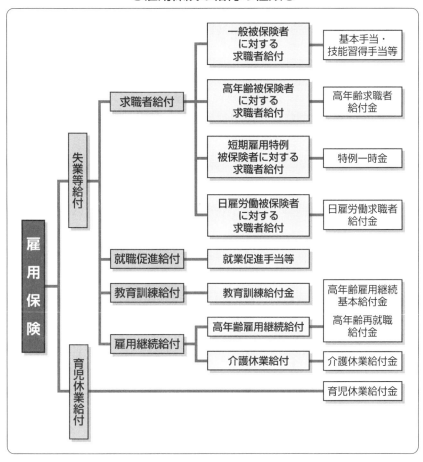

外国人労働者が、次の①および②のいずれにも該当するときは、雇用保険の被保険者となりますので、事業主は必ず「雇用保険被保険者資格取得届」を事業所の所在地を管轄するハローワークに、被保険者となった日の属する月の翌月10日までに提出しなければなりません。

①31日以上引き続き雇用されることが見込まれる者であること
　具体的には、次のいずれかに該当する場合をいいます。
- 期間の定めがなく雇用される場合
- 雇用期間が31日以上である場合
- 雇用契約に更新規定があり、31日未満での雇止めの明示がない場合
- 雇用契約に更新規定はないが、同様の雇用契約により雇用された労働者が31日以上雇用された実績がある場合

② 1週間の所定労働時間が20時間以上であること

4-8
社会保険（健康保険・厚生年金保険）の資格取得と喪失手続き

「社会保険」制度は、「健康保険」と「厚生年金保険」を合わせた概念であり、日本国内で就労する外国人労働者についても、資格要件を満たせば当然に被保険者となります。

健康保険の取扱い

健康保険は、労働者またはその被扶養者の業務災害以外の疾病、負傷もしくは死亡または出産に関して保険給付を行ない（下図参照）、

◎健康保険の給付の種類◎

給付の種類	どんなときに
療養費	就職直後で保険証がない等、やむを得ず全額自己負担で受診したときや、治療上の必要からコルセット等の治療用用具を装着したときなど
高額療養費	被保険者本人・被扶養者とも単独または、世帯合算で1か月の窓口負担額が自己負担限度額を超えたとき
傷病手当金	被保険者が療養のために会社を休み、事業主から給料を受けられないとき
出産手当金	被保険者が出産のため会社を休み、事業主から給料を受けられないとき
出産育児一時金	被保険者（被扶養者）が出産したとき
埋葬料（費）	被保険者（被扶養者）が亡くなったとき

もって国民の生活の安定と福祉の向上に寄与することを目的とした医療保険制度です。

適用事業所に常用的に使用される限り、外国人も健康保険が適用され、資格取得手続きを経て被保険者となります。

また、入管法によって在留期間が3か月を超える外国人労働者（3か月を超える期間、日本に滞在すると認められる者を含む）や、仮滞在の許可を受けた者は、「国民健康保険制度」（75歳未満で上記健康保険の適用対象とならない外国人）および「後期高齢者医療制度」（75歳以上の外国人）が適用され、これらの医療保険制度に加入することになります。

厚生年金保険の取扱い

まず、わが国の年金制度の体系は、次ページ図のようになっています。

厚生年金保険も同様に、外国人についても適用事業所に常用的に使用される限り適用され、資格取得手続きを経て被保険者となります。

他方、常用的に使用関係にない外国人の場合は、日本国内に住所を有する者は「国民年金」に加入することになります。

いずれの年金制度においても、一定の要件を満たすことにより、老齢、障害、死亡の場合に、それぞれ「老齢年金」、「障害年金」（または障害手当金）、「遺族年金」等が支給されます。

また、日本で年金制度に加入していた一定の要件を満たす外国人は、日本を出国後、請求手続きをすることにより「脱退一時金」を受給することができます（次の4－9項を参照）。

なお、日本と社会保障協定を締結している相手国の年金加入期間がある外国人は、一定要件のもとで年金加入期間を通算して、日本および協定相手国の年金を受け取ることができる場合があります。

社会保障協定とは、「保険料の二重負担」を防止するために加入するべき制度を二国間で調整する（二重加入の防止）ことと、年金

◎日本の年金制度の体系図◎

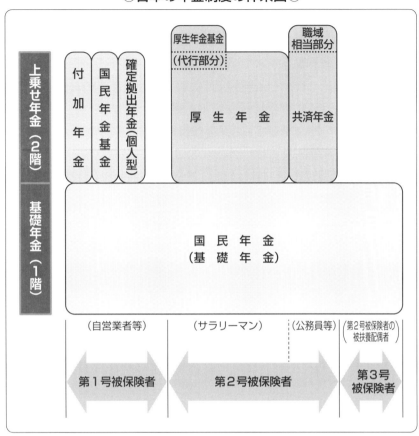

受給資格を確保するために、両国の年金制度への加入期間を通算することにより、年金受給のために必要とされる加入期間の要件を満たしやすくする（年金加入期間の通算）ことを目的に締結される協定であり、現在の協定相手国は以下のとおりです。

──【協定が発効済みの国】──

ドイツ、英国、韓国、アメリカ、ベルギー、フランス、カナダ、オーストラリア、オランダ、チェコ、スペイン、アイルランド、ブラジル、スイス、ハンガリー、インド、ルクセンブルク、

フィリピン、スロバキア、中国

――――――――――――【署名済み未発効の国】――――――――――――
イタリア、スウェーデン、フィンランド

　なお、脱退一時金を受給すると、脱退一時金を請求する以前の年金加入期間を通算することができなくなるので注意が必要です。

4-9

年金の脱退一時金について知っておこう

👤 年金の「脱退一時金」とは

　外国人が、日本国内に居住あるいは日本国内の法人等に雇用されている場合、国民年金および厚生年金保険に加入し、被保険者とならなければなりません。

　しかし、外国人には短期の滞在を経て母国へ帰国してしまう者も少なくなく、この場合、国民年金あるいは厚生年金保険の保険料を納付したにもかかわらず、年金の受給資格を得ることができないケースがあります。

　そこで、日本国籍を有しない外国人労働者が、国民年金、厚生年金保険の被保険者資格を喪失して日本を出国した場合、**日本に住所を有しなくなった日から2年以内に脱退一時金を請求**することができます。

　なお、特定技能1号の創設により、期限付きの在留期間の最長期間が5年となったことや、近年、短期滞在の外国人の状況に変化が生じていること等を踏まえ、脱退一時金の支給額計算に用いる月数の上限の見直しが行なわれました。

　具体的には、2021年（令和3年）4月より（同年4月以降に年金の加入期間がある場合）、月数の上限は従前の**36月（3年）から60月（5年）に引き上げられています**。

　では、国民年金、厚生年金保険における脱退一時金について、それぞれ見ていきましょう。

👤 国民年金の脱退一時金

1 支給要件

　国民年金の脱退一時金の支給要件は、以下のとおりです。

- 日本国籍を有していない
- 公的年金制度（厚生年金保険または国民年金）の被保険者でない
- 保険料納付済期間等の月数の合計が6月以上ある（国民年金に加入していても、保険料が未納となっている期間は要件に該当しません）

　なお、ここでいう「保険料納付済期間等の月数の合計」とは、請求日の前日において、請求日の属する月の前月までの第1号被保険者（任意加入被保険者も含みます）としての被保険者期間にかかる次の①〜④を合算した月数のことをいいます。

①保険料納付済期間の月数
②保険料4分の1免除期間の月数×4分の3
③保険料半額免除期間の月数×2分の1
④保険料4分の3免除期間の月数×4分の1

- 老齢年金の受給資格期間（厚生年金保険加入期間等を合算して10年間）を満たしていない
- 障害基礎年金などの年金を受ける権利を有したことがない
- 日本国内に住所を有していない
- 最後に公的年金制度の被保険者資格を喪失した日から2年以上経過していない（資格喪失日に日本国内に住所を有していた場合は、同日後に初めて、日本国内に住所を有しなくなった日から2年以上経過していない）

② 国民年金の脱退一時金の支給額

　国民年金の脱退一時金の支給額は、最後に保険料を納付した月が属する年度の保険料額と保険料納付済期間等の月数に応じて計算されます。

　なお、2021年（令和3年）4月より、最後に保険料を納付した月が2021年（令和3年）4月以降の者については、計算に用いる被保険者期間の上限月数が60月（5年）となっています。

```
┌─────────【脱退一時金の計算式】─────────┐
│ 最後に保険料を納付した月が属する年度の保険料額           │
│                   ×２分の１×支給額計算に用いる数        │
└─────────────────────────────────────┘
```

　上記計算式の「支給額計算に用いる数」は、保険料納付済期間等の月数の区分に応じて定められています。この場合、保険料の一部免除を受けつつ納付した期間があった場合は、免除の種類に応じた期間が合算されます。

　最後に保険料を納付した月が、2021年（令和３年）４月から2022年（令和４年）３月の場合の具体的な支給額は、下表のとおりです。

保険料納付済期間等の月数	支給額計算に用いる数	支給額（令和３年度）
６月以上12月未満	6	49,830円
12月以上18月未満	12	99,660円
18月以上24月未満	18	149,490円
24月以上30月未満	24	199,320円
30月以上36月未満	30	249,150円
36月以上42月未満	36	298,980円
42月以上48月未満	42	348,810円
48月以上54月未満	48	398,640円
54月以上60月未満	54	448,470円
60月以上	60	498,300円

　なお、最後に保険料を納付した月が2021年（令和３年）３月以前の場合は、従前どおり36月（３年）を上限として支給額が計算されます。

厚生年金保険の脱退一時金

① 支給要件

厚生年金保険の脱退一時金の支給要件は、以下のとおりです。

● 日本国籍を有していない
● 公的年金制度（厚生年金保険または国民年金）の被保険者でない
● 厚生年金保険（共済組合等を含む）の加入期間の合計が６月以上ある
● 老齢年金の受給資格期間（10年間）を満たしていない
● 障害厚生年金（障害手当金を含む）などの年金を受ける権利を有したことがない
● 日本国内に住所を有していない
● 最後に公的年金制度の被保険者資格を喪失した日から２年以上経過していない（資格喪失日に日本国内に住所を有していた場合は、同日後に初めて、日本国内に住所を有しなくなった日から２年以上経過していない）

② 厚生年金保険の脱退一時金の支給額

厚生年金保険の脱退一時金の支給額は、次の計算式によって決まります。2021年（令和３年）４月より、最終月（資格喪失した日の属する月の前月）が2021年（令和３年）４月以降の人については、支給額計算に用いる月数の上限が60月（５年）となっています。

───────【脱退一時金の計算式】───────
被保険者であった期間の平均標準報酬額
　　×支給率（保険料率×２分の１×支給率計算に用いる数）

この計算式の「被保険者であった期間の平均標準報酬額」は、以下のＡとＢを合算した額を、全体の被保険者期間の月数で除して得

た額をいいます。

A：2003年（平成15年）４月より前の被保険者期間の標準報酬月額に1.3を乗じた額

B：2003年（平成15年）４月以後の被保険者期間の標準報酬月額および標準賞与額を合算した額

　また、計算式の「支給率」とは、最終月（資格喪失した日の属する月の前月）の属する年の前年10月の保険料率（最終月が１月〜８月であれば、前々年10月の保険料率）に２分の１を乗じた率に、被保険者期間の区分に応じた支給率計算に用いる数を乗じたものをいいます（計算の結果、小数点以下１位未満の端数がある場合は四捨五入します）。

　最終月が2021年（令和３年）４月以降の場合の支給率は下表のとおりです。

保険料納付済期間等の月数	支給額計算に用いる数	支給率
６月以上12月未満	6	0.5
12月以上18月未満	12	1.1
18月以上24月未満	18	1.6
24月以上30月未満	24	2.2
30月以上36月未満	30	2.7
36月以上42月未満	36	3.3
42月以上48月未満	42	3.8
48月以上54月未満	48	4.4
54月以上60月未満	54	4.9
60月以上	60	5.5

　なお、最終月が2021年（令和３年）３月以前の場合は、従前どおり36月（３年）を上限として支給額が計算されるので留意してくだ

さい。

厚生年金保険料率は、2017年（平成29年）9月を最後に保険料率の引上げが終了し、18.3％で固定されています。したがって、最終月が2017年（平成29年）9月から2021年（令和3年）3月までの場合の支給率は下表のとおりです。

保険料納付済期間等の月数	支給額計算に用いる数	支給率
6月以上12月未満	6	0.5
12月以上18月未満	12	1.1
18月以上24月未満	18	1.6
24月以上30月未満	24	2.2
30月以上36月未満	30	2.7
36月以上42月未満	36	3.3

3 脱退一時金の請求手続き

脱退一時金の請求に当たっては、「脱退一時金請求書」を日本年金機構本部または各共済組合等へ郵送または電子申請によって提出しますが、短期滞在の外国人が日本の住所をなくして出国後2年以内に手続きを完了する必要があります。

なお、脱退一時金の請求書は外国語と日本語が併記された様式となっており、以下の外国語に対応しています。

英語／中国語／韓国語／ポルトガル語／スペイン語／
インドネシア語／フィリピノ（タガログ）語／タイ語／
ベトナム語／ミャンマー語／カンボジア語／ロシア語／
ネパール語／モンゴル語

上記各国の脱退一時金請求書の様式は、厚生労働省のホームペー

◎脱退一時金の請求に必要な添付書類と確認事項◎

書類名	確認事項
パスポート（旅券）の写し（氏名、生年月日、国籍、署名、在留資格の確認できるページ）	本人からの請求であることの確認
日本国内に住所を有しないことが確認できる書類（住民票の除票の写しやパスポートの出国日が確認できるページの写し等）	日本から出国していることの確認 ※帰国前に市区町村に転出届を提出している場合は不要。ただし、日本年金機構が外国人のアルファベット氏名の管理を開始した平成24年（2012年）7月以前から被保険者である場合など、日本年金機構でアルファベット氏名を把握しておらず、住民票の消除情報を確認できない場合には、左記書類の確認が必要
受取先金融機関、支店名、支店の所在地、口座番号、請求者本人の口座名義であることを確認できる書類（金融機関が発行した証明書等。または請求書の「銀行の証明」欄に発行の証明でも可）	受取可能な金融機関であること、および請求者本人名義の口座であることの確認 ※日本国内の金融機関で受け取る場合は、口座名義がカタカナで登録されていることが必要 ※ゆうちょ銀行および一部インターネット専業銀行では、脱退一時金を受け取ることはできない
年金手帳、その他基礎年金番号が確認できる書類	年金の加入期間の確認
代理人が請求手続きを行なう場合は「委任状」	受任者からの請求手続きであることの確認 ※年金Q＆A「代理人を通じて、脱退一時金の請求を行うことはできますか」で確認のこと

ジからダウンロードできます。

【サイトのアドレス】

https://www.nenkin.go.jp/service/jukyu/tetsuduki/sonota-kyufu/20140710.html

また、脱退一時金の請求に必要となる添付書類は前ページ表のとおりです。

④ 脱退一時金の請求にあたっての注意点

脱退一時金を請求する場合は、以下の事項について、しっかりと認識しておくことが必要です。

①脱退一時金を受け取ると、脱退一時金を請求する以前のすべての期間が年金加入期間ではなくなってしまいます。したがって、脱退一時金を請求するかどうかは、将来、日本の老齢年金を受け取る可能性などを考えたうえで慎重に検討する必要があります。

● 2017年（平成29年）8月から、老齢年金の受給資格期間が25年から10年に短縮されています。受給資格期間が10年以上ある場合は、将来、日本の老齢年金として受け取ることができるので、脱退一時金を受給することはできません。

● 日本と年金通算の協定を締結している相手国の年金加入期間がある場合は、一定の要件のもと、年金加入期間を通算して、日本および協定相手国の年金を受け取ることができる場合があります。

②日本年金機構等が請求書を受理した日に、住所がまだ日本にある場合には、脱退一時金は請求できません。このため、住んでいる市区町村に転出届を提出した後で、脱退一時金を請求する必要があります。

③出国前に日本国内から請求書を提出する場合は、請求書を住民票

の転出（予定）日以降に日本年金機構等に提出します。郵送等で手続きをする場合には、請求書が転出（予定）日以降に日本年金機構等に到達するように送付する必要があります。

なお、市区町村に転出届を提出したうえで、再入国許可・みなし再入国許可を受けて出国する場合は、脱退一時金を請求することができますが、転出届を提出せずに再入国許可・みなし再入国許可を受けて出国した場合には、再入国許可の有効期間が経過するまでの間は、国民年金の被保険者とされるので、脱退一時金は請求できないことになります。

④脱退一時金の支給額は、日本での年金制度への加入期間に応じて、支払った保険料の一定の月数を上限として計算されます。この上限月数を超えて日本の年金制度に加入していた者が、脱退一時金を請求した場合は、脱退一時金の支給金額は上限月数で計算されますが、脱退一時金を請求する以前のすべての期間が年金加入期間ではなくなります。

そのため、日本に複数回の在留を繰り返し、日本の年金制度への加入期間が通算で上限月数以上になる予定の者が、加入期間に応じた脱退一時金の受給を希望する場合には、出国のつど、脱退一時金を請求することが必要になる場合があります。

⑤国民年金と厚生年金保険の両制度の期間は合算されず、一時金の支給額はそれぞれの保険期間にもとづいて計算されます。たとえば、国民年金保険料の納付済期間が４か月、厚生年金保険の被保険者期間が４か月のみの場合、合計すると８か月になりますが、国民年金と厚生年金保険の期間の合算は行なわれないので、脱退一時金を請求することはできません。

4-10

外国人雇用状況の
届出のしかた

ハローワークへの届出義務

　外国人を雇用する事業主には、労働施策総合推進法第28条にもとづき、外国人労働者の雇入れおよび離職の際に、その氏名、在留資格などについて、ハローワークへ届け出ることが義務づけられています。

―――――【労働施策総合推進法】―――――

第28条（外国人雇用状況の届出等）

　事業主は、新たに外国人を雇い入れた場合又はその雇用する外国人が離職した場合には、厚生労働省令で定めるところにより、その者の氏名、在留資格、在留期間その他厚生労働省令で定める事項について確認し、当該事項を厚生労働大臣に届け出なければならない。

　ハローワークでは、この届出にもとづき、雇用環境の改善に向けて、事業主への助言や指導、離職した外国人への再就職支援を行ないます。

　届出の対象となる外国人の範囲は、日本国籍を有せず、在留資格「外交」や「公用」以外の者です。

　なお、「特別永住者」（在日韓国・朝鮮人等）は、特別の法的地位が与えられており、本邦における活動に制限はありません。このため、特別永住者の人は、外国人雇用状況の届出制度の対象外とされているので、確認・届出の必要はありません。

外国人雇用状況の届出方法

外国人雇用状況の届出方法については、届出の対象となる外国人が雇用保険の被保険者となるか否かによって、使用する様式や届出先となるハローワーク、届出の提出期限が異なります。

なお、外国人雇用状況の届出に際しては、外国人労働者の在留カード、旅券（パスポート）または指定書などの提示を求め、届け出る事項を確認する必要があります。ただし、旅券や在留カードの写しをハローワークに提出する必要はありません。

1 雇用保険の被保険者となる外国人について届け出る場合

雇用保険の被保険者となる外国人を雇い入れる場合は、雇入れの際に、ハローワークに提出する「**雇用保険被保険者資格取得届**」に以下の事項を記載することによって届け出ることになります。

---

①氏名

②在留資格（「特定技能」の場合は分野、「特定活動」の場合は
　活動類型を含みます）

③在留期間　　　　　　　④生年月日

⑤性別　　　　　　　　　⑥国籍・地域

⑦資格外活動許可の有無　⑧在留カード番号（184ページ参照）

⑨雇入れに係る事業所の名称および所在地など、取得届に記載
　が必要な事項

届出の方法は、「雇用保険被保険者資格取得届」の「17」～「23」欄に「国籍・地域」や「在留資格」などを記入し、雇用保険の適用を受けている事業所を管轄するハローワークに提出することによって、外国人雇用状況の雇入れの届出を行なったことになります。

ただし、外国人雇用状況届出の対象外となっている特別永住者や在留資格「外交」・「公用」の場合は記入が不要です。

◎「雇用保険被保険者資格取得届」（様式第2号）の記載ポイント◎

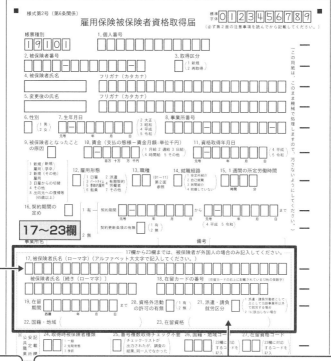

「17. 被保険者氏名（ローマ字）」欄
届け出る外国人の氏名を、在留カードどおりに記入する。

「23. 在留資格」欄
在留カードの「在留資格」または旅券（パスポート）上の上陸許可証印に記載されたとおりの内容を記入。在留資格が「特定技能」または「特定活動」の場合には、以下のいずれかを記入する。

- ●特定技能1号（介護）
- ●特定技能1号（ビルクリーニング）
- ●特定技能1号（素形材産業）
- ●特定技能1号（産業機械製造業）
- ●特定技能1号（電気・電子情報関連産業）
- ●特定技能1号（建設）
- ●特定技能1号（造船・舶用工業）
- ●特定技能1号（自動車整備）
- ●特定技能1号（航空）
- ●特定技能1号（宿泊）
- ●特定技能1号（農業）
- ●特定技能1号（漁業）
- ●特定技能1号（飲食料品製造業）
- ●特定技能1号（外食業）
- ●特定技能2号（建設）
- ●特定技能2号（造船・舶用工業）

- ●特定活動（EPA）
- ●特定活動（高度学術研究活動）
- ●特定活動（高度専門・技能活動）
- ●特定活動（高度経営・管理活動）
- ●特定活動（高度人材の就労配偶者）
- ●特定活動（建設分野）
- ●特定活動（造船分野）
- ●特定活動（外国人調理師）
- ●特定活動（ハラール牛肉生産）
- ●特定活動（製造分野）
- ●特定活動（家事支援）
- ●特定活動（就職活動）
- ●特定活動（農業）
- ●特定活動（日系4世）
- ●特定活動（本邦大学卒業者）
- ●特定活動（就労可）
- ●特定活動（その他）

※届出内容に変更があった場合は、外国人雇用状況届出担当窓口に相談します。
（例）事業所の移転、統合、廃止／在留資格の変更／被保険者の転勤など

なお、届出期限は、雇用保険被保険者資格取得届の提出期限と同様で、**雇い入れた日の属する月の翌月10日**までです。

　他方、雇用保険の被保険者となる外国人が離職する場合は、「雇用保険被保険者資格喪失届」に、以下の事項を記載することによって届け出ることになります。

> ①氏名　　　　②在留資格　　③在留期間
> ④生年月日　　⑤性別　　　　⑥国籍・地域
> ⑦在留カード番号（184ページ参照）
> ⑧離職に係る事業所の名称および所在地など、喪失届に記載が
> 　必要な事項

　そして、「被保険者の住所又は居所」欄のほか、「14」～「19」欄に「国籍・地域」や「在留資格」などを記入して、雇用保険の適用を受けている事業所を管轄するハローワークに提出することで、外国人雇用状況の離職の届出を行なったことになります。

　ただし、外国人雇用状況届出の対象外となっている特別永住者、在留資格「外交」・「公用」の場合は、記入が不要です。

　なお、届出期限は、雇用保険被保険者資格喪失届の提出期限と同様で、**被保険者でなくなった事実があった日の翌日から起算して10日以内**です。

② 雇用保険の被保険者とならない外国人について届け出る場合

　雇用保険の被保険者とならない外国人の場合は、「外国人雇用状況届出書」（様式第3号）に、以下の①～⑩の届出事項を記載して、当該外国人が勤務する事業所施設（支店、店舗、工場など）の住所を管轄するハローワークに届け出ることになります。

　なお、届出期限は雇入れ、離職の場合ともに**翌月の末日**までです。

◎「雇用保険被保険者資格喪失届」（様式第4号）の記載ポイント◎

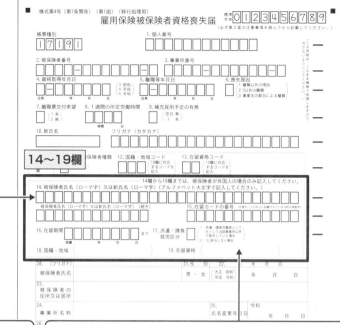

「14. 被保険者氏名（ローマ字）」欄
届け出る外国人の氏名を、在留カードどおりに記入する。

「19. 在留資格」欄
在留カードの「在留資格」または旅券（パスポート）上の上陸許可証印に記載されたとおりの内容を記入。在留資格が「特定技能」または「特定活動」の場合には、以下のいずれかを記入する。

- 特定技能1号（介護）
- 特定技能1号（ビルクリーニング）
- 特定技能1号（素形材産業）
- 特定技能1号（産業機械製造業）
- 特定技能1号（電気・電子情報関連産業）
- 特定技能1号（建設）
- 特定技能1号（造船・舶用工業）
- 特定技能1号（自動車整備）
- 特定技能1号（航空）
- 特定技能1号（宿泊）
- 特定技能1号（農業）
- 特定技能1号（漁業）
- 特定技能1号（飲食料品製造業）
- 特定技能1号（外食業）
- 特定技能2号（建設）
- 特定技能2号（造船・舶用工業）
- 特定活動（EPA）
- 特定活動（高度学術研究活動）
- 特定活動（高度専門・技能活動）
- 特定活動（高度経営・管理活動）
- 特定活動（高度人材の就労配偶者）
- 特定活動（建設分野）
- 特定活動（造船分野）
- 特定活動（外国人調理師）
- 特定活動（ハラール牛肉生産）
- 特定活動（製造業）
- 特定活動（家事支援）
- 特定活動（就職活動）
- 特定活動（農業）
- 特定活動（日系4世）
- 特定活動（本邦大学卒業者）
- 特定活動（就労可）
- 特定活動（その他）

4章 外国人労働者の労務管理のポイント

179

┌───┐
│ ①氏名　　　　　②在留資格　　　③在留期間   │
│ ④生年月日　　　⑤性別　　　　　⑥国籍・地域   │
│ ⑦資格外活動許可の有無（雇入れ時のみ）   │
│ ⑧在留カード番号（184ページ参照）   │
│ ⑨雇入れまたは離職年月日   │
│ ⑩雇入れまたは離職に係る事業所の名称、所在地等   │
└───┘

　なお、外国人雇用状況の届出にあたっては、令和2年（2020年）
3月1日以降に、雇入れ、離職をした外国人について、**「在留カー
ド番号」の記載が必要**となっています。これも雇用保険の被保険者
となるか否かによって、届出方法が異なりますので注意が必要です。
　ちなみに在留カード番号は、雇用保険の被保険者となる外国人の
場合は、「雇用保険被保険者資格取得届」（177ページ）の「18」欄、
「雇用保険被保険者資格喪失届」（179ページ）の「15」欄、雇用保
険の被保険者とならない場合は、「外国人雇用状況届出書」（次ペー
ジ）の「⑧」欄に記入します。
　ただし、令和2年（2020年）2月29日以前の雇入れまたは離職に
関する届出については、経過措置として、令和2年3月1日以降も
在留カード番号欄のない届出様式で申請することができます。

👤 外国人雇用状況の届出の際の注意点

　外国人雇用状況の届出に際して、「留学」や「家族滞在」などの
在留資格の外国人が、資格外活動許可を受けて就労する場合は、在
留カードや旅券（パスポート）または資格外活動許可書などにより、
資格外活動許可を受けていることも確認することが必要です。
　ただし、「特別永住者」（在日韓国・朝鮮人等）は、外国人雇用状
況の届出制度の対象外とされているので、確認・届出の必要はあり
ません。

◎「外国人雇用状況届出書」（様式第3号）の記載ポイント◎

様式第3号（第10条関係）（表面）

雇　入　れ／離　職　に係る外国人雇用状況届出書

届出事項を記入

フリガナ（カタカナ）		姓			ミドルネーム
①外国人の氏名（ローマ字）					

「①外国人の氏名（ローマ字）」欄
届け出る外国人の氏名を、在留カードどおりに記入する。

②①の者の在留資格		③①の者の在留期間（期限）（西暦）	年　　月　　日　まで
④①の者の生年月日（西暦）	年　　月　　日	⑤①の者の性別	1 男　・　2 女
⑥①の者の国籍・地域		⑦①の者の資格外活動許可の有無	1 有　・　2 無
⑧①の者の在留カードの番号（在留カードの右上に記載されている12桁の英数字）			

「⑦ ①の者の資格外活動許可の有無」欄
在留資格「留学」など、資格外活動許可を受けるべき者である場合に記入する。

雇入れ年月日（西暦）	年　月　日	離職年月日（西暦）	年　月　日
	年　月　日		年　月　日
	年　月　日		年　月　日

…実等に関する法律施行規則第10条第

年　月　日

雇用保険適用事業所番号 □□□□-□□□□□□-□

TEL

TEL

公共職業安定所長　殿

「② ①の者の在留資格」欄
在留カードの「在留資格」または旅券（パスポート）上の上陸許可証印に記載されたとおりの内容を記入。在留資格が「特定技能」または「特定活動」の場合には、以下のいずれかを記入する。

- 特定技能1号（介護）
- 特定技能1号（ビルクリーニング）
- 特定技能1号（素形材産業）
- 特定技能1号（産業機械製造業）
- 特定技能1号（電気・電子情報関連産業）
- 特定技能1号（建設）
- 特定技能1号（造船・舶用工業）
- 特定技能1号（自動車整備）
- 特定技能1号（航空）
- 特定技能1号（宿泊）
- 特定技能1号（農業）
- 特定技能1号（漁業）
- 特定技能1号（飲食料品製造業）
- 特定技能1号（外食業）
- 特定技能2号（建設）
- 特定技能2号（造船・舶用工業）
- 特定活動（ワーキングホリデー）
- 特定活動（EPA）
- 特定活動（高度学術研究活動）
- 特定活動（高度専門・技能活動）
- 特定活動（高度経営・管理活動）
- 特定活動（高度人材の就労配偶者）
- 特定活動（建設分野）
- 特定活動（造船分野）
- 特定活動（外国人調理師）
- 特定活動（ハラール牛肉生産）
- 特定活動（製造分野）
- 特定活動（家事支援）
- 特定活動（就職活動）
- 特定活動（農業）
- 特定活動（日系4世）
- 特定活動（本邦大学卒業者）
- 特定活動（就労可）
- 特定活動（その他）

「雇入れ年月日・離職年月日」欄
届出期限内に離職した場合は、雇入れ年月日と離職年月日の両方を記入。また、届出期限内に複数回にわたって雇入れ・離職した場合は、まとめて記入する。

また、雇入れの際、氏名や言語などから外国人であるとは判断できず、在留資格などの確認・届出をしなかった場合は、法律違反を問われることはありませんが、外国人であると容易に判断できるのに届け出なかった場合は、指導、勧告の対象になるとともに、30万円以下の罰金の対象とされています。

　短期のアルバイトで雇い入れた外国人、あるいは留学生が行なうアルバイトであっても、外国人雇用状況の届出は必要です。

　なお、インターネットでも外国人雇用状況届出の申請（電子届出）を行なうことができます。「外国人雇用状況届出システム」で検索できるほか、ハローワークインターネットサービスの【「事業主の方へのサービスのご案内」＞「外国人雇用状況届出について」＞「申請・届出手続きのご案内」＞「外国人雇用状況届出」】から利用することができます。

　この「外国人雇用状況」の届出状況は、毎年10月末日の時点でまとめられ、翌年の１月に厚生労働省のホームページ上で公開されます。

【厚生労働省「外国人雇用状況の届出状況について」】

https://www.mhlw.go.jp/stf/seisakunitsuite/bunya/koyou_roudou/koyou/gaikokujin/gaikokujin-koyou/06.html

　なお、「外国人雇用状況」の届出状況のまとめ（令和２年10月末現在）では、次のような結果となっています。

- 外国人労働者数は1,724,328人で、前年比65,524人（4.0％）増加し、平成19年に届出が義務化されて以降、過去最高を更新したが、増加率は前年の13.6％から9.6ポイントの大幅な減少。
- 外国人労働者を雇用する事業所数は267,243か所で、前年比24,635か所（10.2％）増加し、平成19年に届出が義務化されて以降、過去最高を更新したが、増加率は前年12.1％から1.9ポイントの減少。

◎届出事項の記載方法◎

氏名	日常生活で使用している通称名ではなく、<u>必ず本名</u>を記入してください。在留カードの①「氏名」欄には、原則として、旅券（パスポート）の身分事項ページの氏名が記載されています。
在留資格	在留カードの②「在留資格」または旅券（パスポート）上の上陸許可証印（※1）に記載されたとおりの内容を記入してください。 在留資格が「特定技能」の場合には分野を、また「特定活動」の場合には活動類型を、通常、旅券に添付されている指定書（※2）で、それぞれ確認し、以下のいずれかを記入してください。 ●特定技能1号（介護）　●特定活動（ワーキングホリデー） ●特定技能1号（ビルクリーニング）　●特定活動（EPA） ●特定技能1号（素形材産業）　●特定活動（高度学術研究活動） ●特定技能1号（産業機械製造業）　●特定活動（高度専門・技能活動） ●特定技能1号（電気・電子情報関連産業）　●特定活動（高度経営・管理活動） ●特定技能1号（建設）　●特定活動（高度人材の就労配偶者） ●特定技能1号（造船・舶用工業）　●特定活動（建設分野） ●特定技能1号（自動車整備）　●特定活動（造船分野） ●特定技能1号（航空）　●特定活動（外国人調理師） ●特定技能1号（宿泊）　●特定活動（ハラール牛肉生産） ●特定技能1号（農業）　●特定活動（製造分野） ●特定技能1号（漁業）　●特定活動（家事支援） ●特定技能1号（飲食料品製造業）　●特定活動（就職活動） ●特定技能1号（外食業）　●特定活動（農業） ●特定技能2号（建設）　●特定活動（日系4世） ●特定技能2号（造船・舶用工業）　●特定活動（本邦大学卒業者） 　●特定活動（就労可） 　●特定活動（その他）
在留期間	在留カードの③「在留期間」欄に記載された日付または旅券（パスポート）上の上陸許可証印（※1）に記載されたとおりの内容を記入してください。
生年月日 性別 国籍・地域	在留カードまたは旅券（パスポート）上の該当箇所を転記してください。
資格外活動 許可の有無	資格外活動許可を受けて就労する外国人の場合は、在留カード裏面の⑦「資格外活動許可欄」や資格外活動許可書（※3）または旅券（パスポート）上の資格外活動許可証印（※4）等で資格外活動許可の有無、許可の期限、許可されている活動の内容を確認してください。
在留カード 番号	在留カードの右上に記載されている12桁（英字2桁－数字8桁－英字2桁）の番号を記入してください。

確認のための書類（見本）

在留カード例（表面）

在留カード例（裏面）

※1 上陸許可証印

※2 指定書

※3 資格外活動許可書

※4 資格外活動許可証印

「在留カード」について

　在留カードは、中長期在留者（※5）に対し、上陸許可や在留資格の変更、在留期間の更新などの在留に係る許可に伴って交付されるものです。

> ※5　中長期在留者とは、以下のいずれにも<u>あてはまらない</u>人です。
> ①「3月」以下の在留期間が決定された人　②「短期滞在」の在留資格が決定された人
> ③「外交」又は「公用」の在留資格が決定された人等　④特別永住者　⑤在留資格を有しない人

　出入国在留管理庁ホームページ上で、在留カード等番号が失効していないか確認することができます。
　また、在留カード等の情報が偽造・改ざんされたものでないかどうかを確認することができるアプリも無料配布されています。
　偽変造が疑われる在留カード等を発見した場合には、最寄りの地方出入国在留管理局にお問い合わせください。

在留カード等番号失効情報照会
https://lapse-immi.moj.go.jp/

在留カード等読取アプリケーション
http://www.moj.go.jp/isa/policies/policies/rcc-support.html

- 国籍別では、ベトナムが中国を抜いて最も多くなり、443,998人（外国人労働者数全体の25.7％）。次いで、中国419,431人（同24.3％）、フィリピン184,750人（同10.7％）の順。一方、ブラジルやペルーなどは、前年比で減少している。

- 在留資格別では、「専門的・技術的分野の在留資格」の労働者数が359,520人で、前年比30,486人（9.3％）の増加。また、「技能実

習」は402,356人で、前年比18,378人（4.8％）の増加となっている。一方、「資格外活動」（留学を含む）は370,346人で、前年比2,548人（0.7％）の減少となっている。

　183ページに届出事項の記載方法についてまとめておきました。これは、厚生労働省、都道府県労働局、ハローワーク作成のリーフレット「外国人雇用はルールを守って適正に」（令和3年6月版）に掲載されたものです。表中の①等や（※1）等については前ページの図（上記リーフレットの該当ページを掲載したもの）で確認してください。

4-11

外国人労働者の雇用労務責任者の選任

厚生労働省の告示にもとづく選任

　事業主は、外国人労働者を常時10人以上雇用するときは、「外国人労働者の雇用管理の改善等に関して事業主が適切に対処するための指針」（平成19年／厚生労働省告示第276号：129ページ参照）の、外国人労働者の雇用管理の改善等に関して事業主が講ずべき必要な措置に定める事項等（4－2項：132ページ以下参照）を管理させるため、人事課長等の、外国人労働者の雇用管理に関する責任を担う「雇用労務責任者」を選任する必要があります。

5章

外国人労働者の退職・解雇と
労働者派遣、請負の留意点

執筆◎佐藤 広一

5-1

外国人労働者からの
退職の意思表示

 外国人労働者の意思をはっきりさせる

　労働者の一方的な意思表示による労働契約の解約を「**辞職**」といい、労働者および使用者の合意にもとづく労働契約の解約を「**合意解約**」といいます。

　外国人労働者が「私は会社を辞めます」と申し出た場合に問題となるのが、それが「辞職の意思表示」なのか、「合意解約の申入れ」なのかという点です。日本語によるコミュニケーションが難しい場合は、より混迷の度を深めるのでなおさら、どちらなのかを早い段階ではっきりさせておくことが望まれます。

　辞職にあたる場合には、事業主への到達後は撤回できず、合意解約の申入れにあたる場合には、事業主が承諾するまでは撤回できるものと解釈されています。

　外国人労働者の退職の意思表示が、いずれにあたるか不明確な場合には、両者の法的効果の違いと外国人労働者の保護を考慮し、事業主が承諾するまでは、撤回が可能な合意解約の申込みと解されることが多いと考えられます。

 民法の規定はどうなっている？

　民法では、期間の定めのない雇用契約については、いつでも解約の申入れをすることができるとされており、**解約の申入れの日から2週間で終了**することとなっているので、労働契約を解約するのに会社の同意が必要となるものではありません（民法第627条1項）。

　また、会社の就業規則に退職について規定されている場合は、原則として、就業規則の規定が適用されますが、就業規則で極端に長い退職申入れ期間を定めている場合や退職の時期について労使間で

◎退職の意思表示のパターン◎

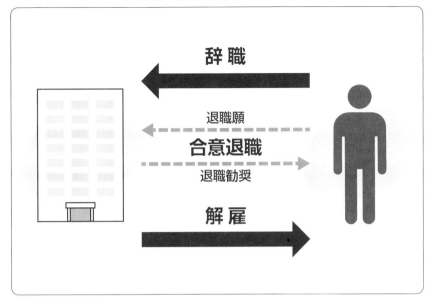

争いとなった場合などは、労働者の退職の自由が極度に制限され、公序良俗の見地から無効とされ、**14日間が経過した場合に労働契約が解除**されることになります。

　他方、雇用契約期間の定めがある場合は、原則として、使用者は契約期間の満了前には労働者を辞めさせることができない反面、労働者も契約期間中は会社を辞めることはできません。

　ただし、民法第628条によると、雇用の期間を定めたときといえども、**やむを得ない事由がある場合**は、各当事者はただちに契約を解除することができることとされています。

　しかし、その事由が当事者の一方的過失によるときは、相手方に対して損害賠償に応じなければならないと定められています。

　したがって、契約期間の途中で契約を打ち切ることによって、使用者が被った損害については、賠償金を請求されることもあり得ます。

189

5-2

外国人労働者を解雇するときの注意点

「解雇」とは

　「解雇」とは、使用者の一方的な意思表示による労働契約の解約をいいます。使用者が「解雇」という言辞を用いずに、「あなたはもう明日から来なくていい」「君たちの面倒はもう見ない」などと外国人労働者の意思を問わず、使用者が一方的に労働契約を解約する意思を示す言動であれば、解雇に当たるものと解されます。

　労働者を解雇する場合は、少なくとも**30日前の予告**が必要となります。また、予告が30日に満たない場合は、その満たない日数分の平均賃金の支払いが必要（これを「**解雇予告手当**」といいます）となります（労働基準法第20条）。

　ただし、労基法20条の手続きが適正であるからといって、解雇が正当であるとは限りません。以下の①〜⑧に該当する場合は、労働者を解雇することは禁止されています。

①業務上の傷病による休業期間およびその後30日間（労基法第19条）
②産前産後の休業期間およびその後30日間（労基法第19条）
③国籍、信条、社会的身分を理由とする解雇（労基法第3条）
④労働者が労働基準監督署へ申告をしたことを理由とする解雇（労基法第104条）
⑤労働組合の組合員であること、労働組合の正当な行為をしたこと等を理由とする解雇（労働組合法第7条）
⑥女性であること、あるいは女性が婚姻、妊娠、出産したこと、産前産後の休業をしたことを理由とする解雇（男女雇用機会均等法第8条）
⑦育児休業の申出をしたこと、または育児休業をしたことを理由と

する解雇（育児・介護休業法第10条）

⑧介護休業の申出をしたこと、または介護休業をしたことを理由とする解雇（育児・介護休業法第16条）

以上のような労働基準法等で禁止されている条項に該当しない場合でも、解雇を自由に行ない得るというわけではありません。最終的には、裁判所で判断することになりますが、この場合、労働契約法第16条に定める「**解雇権濫用法理**」の是非が問われることになります。

「客観的に合理的な理由」とは

解雇事由については、「客観的に合理的な理由」の主張立証は、就業規則に定める解雇事由該当性が中心的な争点となりますが、解雇事由該当性がありとされる場合においても、なお社会通念上の相当性が検討されます。

普通解雇の「客観的に合理的な理由」については、おおむね次のように分類することができますので、この分類に沿って就業規則において、普通解雇事由をあらかじめ例示列挙しておくことが求められます。

---

①労働者の労務提供の不能による解雇

②能力不足、成績不良、勤務態度不良、適格性欠如による解雇

③職場規律違反、職務懈怠による解雇

④経営上の必要性による解雇

⑤ユニオンショップ協定による解雇

また、企業業績が著しく悪化し、事業の継続が危ぶまれる場合には、労働者を解雇するいわゆる「**整理解雇**」を実施する場合があります。

◎「解雇濫用法理」とは◎

【労働契約法第16条】
解雇は、<u>客観的に合理的な理由</u>を欠き、社会通念上相当であると認められない場合は、その権利を濫用したものとして、無効とする。

【客観的に合理的な理由とは】
①将来予測の原則
　雇用契約の履行に支障を及ぼす債務不履行事由が将来にわたって継続するものと予想される場合
②最終手段の原則
　その契約を解消するために他の<u>解雇回避手段</u>がなく、最終的手段として行使されるべき。

【解雇回避手段の具体例】
指導記録、注意指導、警告／職種転換、配置転換、出向／休職措置等

【労働契約法第16条】
解雇は、客観的に合理的な理由を欠き、<u>社会通念上相当であると認められない</u>場合は、その権利を濫用したものとして、無効とする。

【社会通念上相当とは】
「客観的に合理的な理由」を満たすことを前提に、<u>当該労働者に有利となり得るあらゆる事情</u>について斟酌すべき。

【労働者に有利となり得るあらゆる事情の具体的考慮要素】
・不当な動機、目的の有無
・労働者の情状（反省の態度、過去の勤務態度、功罪、処分歴、年齢、家族構成等）
・他の労働者の処分との不均衡
・使用者の態度、落ち度
・解雇手続きの不履践

この場合、労働者には何ら瑕疵はありませんので、さらに高いハードルが課せられ、解雇の有効性判断に当たっては、次の4つの要素を総合的に検討されます。

①人員削減の必要性（特定の事業部門の閉鎖の必要性など）
②人員削減の手段として整理解雇を選択することの必要性（配置転換などをする余地がないのか）
③解雇対象者の選定の妥当性（選定基準が客観的、合理的であること）
④解雇手続きの妥当性（労使の協議など）

外国人労働者の退職・解雇と労働者派遣、請負の留意点

外国人労働者に対する退職勧奨

「退職勧奨」は自由に行なうことができるのか？

　使用者が、人員削減等の理由で外国人労働者の辞職または合意解約の申込み、もしくは承諾を促すかたちで退職を勧める、いわゆる「**退職勧奨**」を実施することがあります。

　この退職勧奨は、基本的に外国人労働者の自由な意思を尊重する態様で行なわれる必要があり、これが守られていれば、使用者はこれを自由に行なうことができます。

　また、退職勧奨は、それが外国人労働者の退職の意思表示を促す行為にとどまっている限り、使用者の一方的な意思表示による「解雇」とは、性質が異なるものであるため、解雇予告や解雇権濫用法理の適用はありません。

　しかし、使用者が外国人労働者に対して執拗に辞職を求めるなど、外国人労働者の自由な意思の形成を妨げ、その名誉感情などを害するなどの言動で退職を迫る場合には、外国人労働者は使用者に対して不法行為（民法第709条）として損害賠償を請求することができます。

　たとえば、外国人労働者が「わたしは退職するつもりはありません」と意思表示をしているにもかかわらず、長時間・長期間にわたり退職勧奨を繰り返したり、暴力や無意味な仕事の割り当てによる孤立化等を図るなどの嫌がらせを行なったり、外国人労働者の名誉感情を不当に害する屈辱的な言辞を用いて執拗に退職勧奨を行なったりするケースなどは、社会通念上相当と認められる範囲を超えた違法な退職勧奨であるとして不法行為にもとづく損害賠償請求が認められることになります。

5-4

外国人労働者の雇止め

 「雇止め」のルールとは

パートタイマーや契約社員として、外国人労働者を雇い入れる場合、6か月間や1年間など期間の定めのある有期労働契約を締結することが多くあります。

この場合、当該有期労働契約は、使用者が更新を拒否したときは、契約期間の満了により雇用が終了することが原則です。これを「雇止め」といいます。

雇止めにあたっては、雇用契約が3回以上更新されている場合や、最初の雇用から1年を超えて継続勤務している場合には、少なくとも30日前までに予告をする必要があります。

また、労働者は雇止めの予告後に、雇止めの理由について証明書を請求することができ、使用者は速やかに証明書を交付しなければならないこととされています。

 雇止めが無効となる場合

ただし、雇止めについては、労働者保護の観点から以下のいずれかに該当する有期労働契約の場合に、これを無効とすることが労働契約法第19条において規定されています。

---

①過去に反復更新された有期労働契約で、その雇止めが無期労働契約の解雇と社会通念上、同視できると認められるもの

②労働者において、有期労働契約の契約期間の満了時に、その有期労働契約が更新されるものと期待することについて、合理的な理由があると認められるもの

上記のいずれかに該当する場合に、使用者が雇止めをすることが「客観的に合理的な理由を欠き、社会通念上相当であると認められないとき」は、解雇権濫用法理が類推適用されて、雇止めは認められず、従前と同一の労働条件で有期労働契約が更新されたものとみなされます。

5-5

外国人労働者の労働者派遣

「労働者派遣」とは

　「労働者派遣」とは、「自己の雇用する労働者を、当該雇用関係の下に、かつ、他人の指揮命令を受けて、当該他人のために労働に従事させることをいい、当該他人に対し当該労働者を当該他人に雇用させることを約してするものを含まない」ものをいいます（労働者派遣法第2条第1号）。

　したがって、労働者派遣における派遣元、派遣先および派遣労働者の三者間の関係は、①派遣元と派遣労働者との間に**雇用関係**があり、②派遣元と派遣先との間に**労働者派遣契約**が締結され、この契約にもとづき、派遣元が派遣先に労働者を派遣し、③派遣先は派遣元から委託された**指揮命令**の権限にもとづき、派遣労働者を指揮命令するというものです。

◎労働者派遣事業のしくみ◎

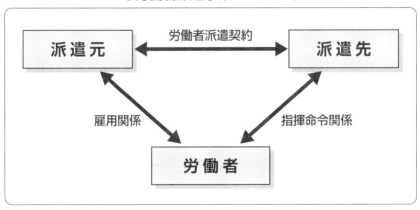

◎派遣先企業が外国人労働者を派遣社員として

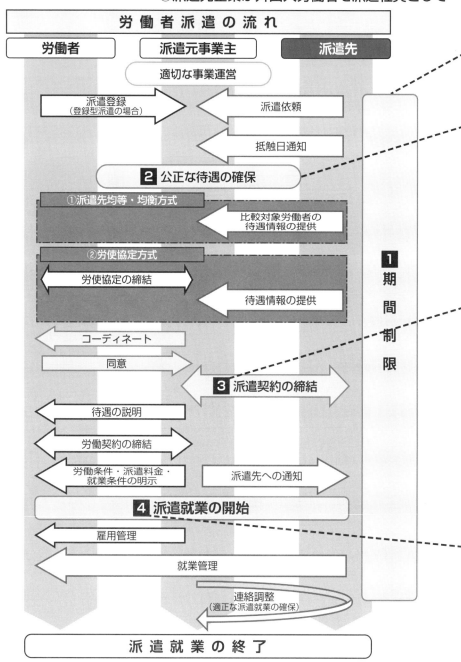

労 働 者 派 遣 の 流 れ

労働者	派遣元事業主	派遣先

適切な事業運営

派遣登録
(登録型派遣の場合) → ← 派遣依頼

← 抵触日通知

2 公正な待遇の確保

①派遣先均等・均衡方式

← 比較対象労働者の
待遇情報の提供

②労使協定方式

← 労使協定の締結 →

← 待遇情報の提供

← コーディネート

同意 →

3 派遣契約の締結

← 待遇の説明

← 労働契約の締結 →

← 労働条件・派遣料金・
就業条件の明示

派遣先への通知 →

4 派遣就業の開始

← 雇用管理

← 就業管理

連絡調整
(適正な派遣就業の確保)

1 期間制限

派 遣 就 業 の 終 了

受け入れるときのポイント◎

1 期間制限

✓	チェック
	事業所単位・個人単位の時間制限を講じている
	労働契約申込みみなし制度を理解している

2 公正な待遇の確保にあたって

✓	チェック（派遣先均等・均衡方式の場合）
	適切な比較対象労働者を選出している
	情報提供すべき事項をすべて網羅している
✓	チェック（労使協定方式の場合）
	情報提供すべき事項をすべて網羅している
✓	チェック（待遇決定方式に関わらず共通）
	派遣元の求めに応じて業務の遂行に必要な教育訓練を行なっている
	福利厚生施設の利用の機会を提供している

3 派遣契約の締結にあたって

✓	チェック
	派遣労働者への事前面接は行なっていない
	派遣禁止業務への派遣受入れではない
	派遣契約に定めるべき事項はすべて網羅している
	派遣元事業者は労働者派遣事業の許可を有している

！ご注意ください！
～労働者派遣事業は原則、許可制となりました～

無許可の事業主から労働者派遣を受け入れた場合には、労働者派遣法違反となり、行政指導の対象となるほか、労働契約申込みみなし制度の対象となる可能性があります。
（許可番号制）　派13-000000（許可事業者）

4 派遣就業にあたって

✓	チェック
	自社を離職して1年以内の受入れではない
	社会・労働保険の加入の確認をしている
	派遣先責任者の選任、派遣先管理台帳の作成を行なっている

外国人労働者が派遣労働者として就労するときは

　外国人労働者も、労働者派遣法の定めに従い、派遣労働者として就労することは可能ですが、派遣先の同一の事業所に対し派遣できる期間（派遣可能期間）は、**原則として３年が限度**であり、派遣先が３年を超えて派遣を受け入れようとする場合は、派遣先の事業所の過半数労働組合などからの意見を聴く必要があります。

　また、同一の派遣労働者を、派遣先の事業所における同一の組織単位（いわゆる「課」などを想定）に対し派遣できる期間は、やはり３年が限度であることに留意しなければなりません。

　そのほか、事前に派遣労働者を指名すること、派遣就業の開始前に派遣先が面接を行なうこと、履歴書を送付させることなどは原則としてできないことや、港湾運送業務、建設業務、警備業務、病院等における医療関係業務は、原則として派遣が禁止されているなど、多くの制約が課せられています。

　なお、派遣先企業が派遣社員を受け入れるときの主なポイントを198、199ページにまとめておきしたのでご確認ください。

5-6

外国人労働者に
業務委託（請負）をするときは

業務委託（請負）契約とは

外国人においても、労働契約ではなく、あえて業務委託契約を締結して業務に従事するケースが増えています。

自転車や原付バイクで注文者の元に料理を配達するデリバリーサービスが象徴的であり、アプリケーションを利用してオンライン上で、いつでもどこでも自分の都合に合わせて稼働することができ、1時間だけでも、週末だけでも、もちろん毎日でも配達することも可能で、週単位で収入を得ることもできるなどが人気の秘密でしょう。

ただし、業務委託契約とは名ばかりで、実質的には使用者の指揮命令下に置かれ、そのつど指示を受けながら業務に従事する例も散見されます。

この場合、業務委託契約ではなく、労働契約であるとみなされる可能性があり、各種労働法規の適用を受けることになります。

労働者性の判断のしかた

この業務委託契約上の個人事業主と、労働契約上の労働者との線引きについては、労働基準法研究会報告「労働基準法の『労働者』の判断基準について」（昭60.12.19）で示されています。

当該報告によれば、次の1・2を総合的に勘案することで、個別具体的に判断するとしています。

1　使用従属性に関する判断基準
（1）指揮監督下の労働
①仕事の依頼、業務従事の指示等に対する諾否の自由の有無

---

②業務遂行上の指揮監督の有無

③拘束性の有無

④代替性の有無

（２）報酬の労務対償性

2　労働者性の判断を補強する要素

（１）事業者性の有無

①機械、器具の負担関係

②報酬の額

（２）専属性の程度

（３）その他

　近年の裁判例は、上記事項のうちいくつかを勘案して、労働者性を判断する傾向にあります。

　たとえば、持ち込み運転手の労働者性が争われた最高裁判決（横浜南労基署長「旭紙業」事件／最高裁一小／平8.11.28判決）では、自己の危険と計算のもとに運送業務をしており、会社は運送業務の性質上当然に必要とされる運送物品、運送先および納入時刻の指示をしていたにすぎず、労働時間、場所等の拘束も緩やかで、運転手が会社の指揮命令のもとで労務を提供していたとはいえず、報酬の支払い方法、公租公課の負担等から見て、労災保険法上の労働者とはいえないとし、労働者性が否定されています。

　なお、労基法を基礎とした労災保険法、労働安全衛生法などの適用範囲は労基法と一致するものと解されます。

　外国人労働者も同様に、上記基準に照らして個別的に判断されることになりますが、言語や文化の相違から安易に個人事業主として稼働してしまう例も少なくなく、業務災害等が発生した際に、労働法上の保護を受けることができなくなることが懸念されます。

6章

外国人労働者の責任、企業の責任とは

執筆◎松村 麻里

6-1

資格外活動違反、不法就労の取扱い

　外国人労働者を受け入れるには、働く外国人本人はもちろん、企業側にもさまざまな責任が課されます。外国人労働者を受け入れると、どのような責任があるのか理解しておく必要があります。

許可されたビザの範囲を超えてしまう資格外活動違反

　「**資格外活動違反**」とは、資格外活動許可のないまま、現在許可されているビザの活動範囲を超えてしまうことをいい、「資格外活動罪」ともいわれます。

　たとえば、観光ビザ（短期滞在）で入国して働くことや、通訳として就労ビザを許可された外国人が工場のライン作業を行なうといったものです。

　就労ビザがあれば、なんでもできるというものではなく、それぞれのビザに許可された内容と範囲を守ることが求められます。

　資格外活動違反となった場合、その外国人は3年以下の懲役・300万円以下の罰金、1年以下の懲役・禁錮・200万円以下の罰金、またはそれらを併科される場合があり、さらには退去強制（いわゆる強制送還）の対象となるなど、重い罪に問われることとなります。

　ただし、資格外活動といっても、就労ではない活動、たとえば就労ビザを持って働いている外国人が、スキルアップのために学校に通うといった場合は、資格外活動違反とはなりません。「**報酬が発生しているか**」がポイントです。

「不法就労」とはどのようなことか？

　「**不法就労**」とは、法律に違反した状態で働いていることをいいます。

不法就労の主なケースは以下の３つです。

不法就労の外国人やすでに退去強制が決まっている人が働く	例：ビザの切れた人（ビザのない人）が働く すでに退去強制が決まっている人が働く
就労できるビザや資格外活動許可をもっていない人が働く	例：観光目的で入国した人が許可を受けずに働く 留学生や難民認定申請中の人が許可を得ずに働く
許可されたビザの範囲を超えて働いている	例：通訳や料理人としての就労ビザを持っている人が工場作業員として働く 留学生が許可された時間を超えて働く

　不法就労は、働いている外国人だけではなく、働かせた企業側も「**不法就労助長罪**」として処罰の対象となります。

　雇用している企業側は、「知らなかった」と弁明するケースが多くあります。かつては、不法就労と知らずに雇用していた場合、処罰されないこともあったようです。しかし、入管法改正により、外国人を雇用しようとする際に、在留カードを確認していないなど、**不法就労を知らないことに過失がある場合**は処罰を免れなくなりました。

　不法就労助長罪となると、３年以下の懲役・300万円以下の罰金などの処罰が科せられることになります。さらに、メディアによる報道等で、企業の評判や企業イメージを損なうといったリスクもあります。

　不法就労を防ぐためには、外国人の採用時から管理まで、企業側は次ページ図のような対策を行なうことをお勧めします。

◎不法就労防止対策◎

- ☐ **雇用開始時には必ず在留カードの原本・パスポートの原本を確認する**
  本人確認を行なう（なりすまし防止）

- ☐ **偽変造された在留カードでないことを確認する**
  在留カード読み取りアプリ等を使用し、在留カードが有効なものであるか確認する

- ☐ **就労可能な外国人かを確認する**
  必要な許可を持っているか、業務内容に問題はないか確認する

- ☐ **在留カードとパスポートのコピー(データ)を保管する**
  在留状況の管理や本人確認を行なった証拠として保存する

- ☐ **ビザの期限を管理する**
  ビザの期限が切れたまま働くことを防ぐ

- ☐ **ビザについて変更等があった場合には申告するよう伝える**
  在留カードの期限の前でもビザが変更される場合がある

　企業側で上図の確認等が行なわれていれば、企業側に過失があると指摘される可能性は著しく下がります。

不法就労はどこから発覚する？

　企業のなかには、「まわりの会社も同じようにやっている」「外国人はただ働いているだけだ」と、不法就労に対する意識が低い経営

者・管理者などもいるようです。

　自分たちが気をつけていれば、不法就労は発覚しないと考えている企業もありますが、以下にあげるように、さまざまなルートから不法就労は発覚する可能性があります。

①警察・出入国在留管理局による捜査

　申請内容に疑いのある企業や、検挙された関係者から捜査対象となることがあります。不法滞在者などの場合には、取調べにおいて不法滞在中に勤務していた会社の情報を聴取されます。

②外国人労働者自身が行なったビザの申請で発覚

　外国人労働者は、何が不法就労かを理解していないこともあります。自身が行なっている業務内容を正直に申請し、その結果、不法就労が発覚することがあります。

③退社した元社員の通報

　退社した元社員から出入国在留管理局などへ通報されて、発覚することがあります。

④社内からの通報

　退社していなくても、疑問をもった社内の従業員から出入国在留管理局などへ通報されることもあります。

⑤一般の情報提供

　関係者でなくとも、出入国在留管理局へ情報提供されることがあります。

　不法就労が発覚した後では、その企業に対する出入国在留管理局の審査は大変厳しいものになります。しっかりとしたコンプライアンス意識と社内の体制づくりが必要です。

6-2

トラブル等への対応と就労ビザの取消し

退職者の就労ビザの取扱い

　自社で就労ビザを取った社員が退職するとなった場合、就労ビザそのものは本人のものとなるので、退職したとしても、すぐに就労ビザが取り消されるわけではありません。

　通常の就労ビザの場合には、そのまま他の会社へ転職することが可能です（企業内転勤などの場合には、在留資格変更許可申請が必要となります）。

　「外国籍社員が退職後に何か問題を起こしたら、企業側に責任があるのではないか？」と心配するかもしれませんが、基本的には就労ビザを申請した企業だからといって、退職後の本人の素行やトラブルに関して企業が責任を負うものではありません（技能実習や特定技能について行方不明者を発生させた場合を除く）。

　退職後は、外国人本人が出入国在留管理局へ退職の届出を行なう必要があり、その後のビザの申請時において「**退職証明書**」を求められることもありますので、あらかじめ退職時に、本人に渡しておくとよいでしょう。

　出入国在留管理局は、受入企業に対して外国人の管理を求めている側面がありますので、後に他の外国人労働者のビザ申請につき影響が出ないためにも、しっかりと管理している姿勢を見せるほうがよいでしょう。

外国人労働者の素行不良

　外国人労働者が勤務時間外において、窃盗などの犯罪行為を行なったり、喧嘩をして警察沙汰となったなどの場合、企業側はどのように対処すればよいのでしょうか。

　基本的には、勤務時間外におけるトラブルについて企業が責任を
もつ必要はありません。

　しかし、仕事に来なくなった、連絡が取れないといった状況であ
れば、対応しなければなりません。

　突然の失踪につき、解雇となった場合には、出入国在留管理局の
審査部門へ、その事実や経緯を報告しておくほうがよいでしょう。

　稀に、失踪した外国人労働者が不法滞在などになった際に、「前
勤務先の社長から恫喝された」「パスポートを取り上げられた」と
いった嘘の内容を申述し、自身は悪くないと弁明することがありま
す。

　企業として事実でない場合には、毅然とした対応が必要となりま
す。自社を守るためにも、自社に非のない失踪などの場合には、そ
の経緯や事実を自発的に報告したほうがよいでしょう。

入国前に採用取りやめとなる場合や内定辞退した場合

　さまざまな事情により、日本で在留資格認定証明書を取得したと
しても、入国までの間に採用の取りやめ、または先方から内定辞退
となることがあります。

　もし、日本入国前に辞退等となった場合には、本人に送付した在
留資格認定証明書を日本へ返送してもらい、原本を会社から管轄の
出入国在留管理局へ返納する必要があります。

　この返納は、**郵送でも可能**です。郵送する場合は、返納の理由を
記載した文書も同封し、封筒の表面に申請番号を記載して、管轄の
出入国在留管理局の就労審査担当部門へ郵送します。

　万が一、本人が原本を返送しない等により返納できない場合には、
本人の居住地を管轄する海外の日本国大使館へ、その旨を連絡して
ください。

　連絡をしない場合は、本人がその在留資格認定証明書を使用して
入国する可能性があり、入国後、就労ビザでアルバイトをしている
などの「資格外活動違反」といった問題が発生する可能性がありま

す。

　その問題が起こった場合は、受入企業も不法行為を手伝ったのではないか、という疑義をもたれます。このような状況になると、受入企業に疑問が生まれ、他の外国人労働者のビザ申請において不利益を被る可能性があります。

　自社で就労ビザを取得した外国人のビザや在留資格認定証明書の取扱いについては、状況に応じて適切な対応をしていく必要があります。

👤 ビザが取り消されることがある？

　各ビザは、一度許可されれば、その後も問題なく日本に滞在できるものではなく、場合によっては、ビザの更新や変更が不許可になり、さらにはビザを取り消されることも起こり得ます。

　取消し事由に該当する疑いがある場合には、出入国在留管理局から事情聴取をされます。その後、ビザが取り消されることになれば、「退去強制」いわゆる「強制送還」になります。

　注意しなければいけないのは、「**何もしていないということも問題**」だということです。

　日本に滞在し続けるためには、許可された滞在目的を行ない続けることが必要です。何もしていないということは、どうやって生活していたのかなど、別の問題となり得ます。滞在目的がなくなったのであれば、ビザを許可している意味がないということになります。

【ビザが取り消される可能性があるケース】

- 嘘や不正な手段によりビザを得た場合
- 虚偽の書類を提出した場合
- 就労ビザや留学ビザの人が退職・退学した場合等で、**3か月以上経過**している場合
- 日本人等と結婚していたが、離婚などで**6か月以上経過**している場合

●住所地を偽るなど、住所地の届出を適切に行なっていない場合　など

　外国人が日本に滞在するためには、ビザの「滞在目的」と「範囲」がポイントになります。

外国人労働者とともに働くことの意味を考える

　企業が外国人労働者を採用する動機は、新規事業の開発などのポジティブな理由から、日本人が集まらないからといった少しネガティブな理由までさまざまです。

　外国人の就労については、従前の専門的な業務分野以外に、一般的な労働についてもビザを新設するなど、時代とともに緩和されてきていますが、その分、**警察や出入国在留管理局は不正に厳しく対処する**ようになってきています。

　「求人募集をかけても人が集まらない」「外国人を雇おうと思っても、留学生は週28時間しか働けない」といったビジネス上の問題があるからといって、不法就労を黙認することや、偽りの内容で就労ビザを申請するといったことをすると、不法就労助長罪や在留資格等不正取得罪として処罰の対象となります。企業には、コンプライアンス意識がより一層求められます。

　外国人の採用というと、就労ビザに目が行きがちです。しかし、当たり前のことですが、実際には**日々の業務**、そして**社内環境や社員同士のコミュニケーション**のほうが企業にとっては重要です。

　外国人を採用したものの、日本人社員との摩擦によって辞めてしまうなど、価値観や考え方の違いによるトラブルは少なくありません。日本の文化に合わせようとして反発を生むこともあります。

　なぜ外国人を採用するのか、企業としてどのような未来をめざすのか──一時的な労働力としてではなく、ともに働く仲間として、

どのようにともに成長していけるのかを考えていきたいところです。
　外国人は、その能力と日本人にはない強みを活かし、企業も多様な人材を受け入れる環境づくりを行なっていくことによって、その採用は、企業のさらなる発展のきっかけとなる可能性をもっています。

おわりに

　私が外国人の手続きを担うようになった2000年代は、まだまだ街中の外国人も少なく、外国人の手続きについて勉強しようにも専門家向けの難しい本しかなかったものです。

　この本を執筆するにあたり、私は当時を思い出しながら、どんなことを疑問に思ったのか、どんなことを教えてほしかったのかを意識して書きました。この本はまさに当時の私が欲しかった本といえます。

　外国人の手続きというと、「書類」に焦点があたることが多いのですが、一番大切なのは雇用についての「判断」です。

　雇用してよいのか否か。適法か否か。そうした判断材料、そして、業務を行なっていくなかで、お客様からよく受ける質問についても言及いたしました。

　皆様のお役に立つ情報はありましたでしょうか。

　2010年代に入り、国策も相まって国内の外国人が急増し、現在では外国人と共に働くことが当たり前となりました。

　何の問題もなくビザが許可される企業もあれば、なかなか許可が出ない企業もあります。立場によって、外国人の手続に対する印象はさまざまでしょう。

　しかし、外国人本人にとって、ビザは重大な関心事であり、許可されるか否かは本人の人生に大きな影響を与えるものであることを忘れてはなりません。

　外国人を雇用する企業、そして、外国人労働者のために、この本がお役にたちますように。

行政書士　松村　麻里

著者プロフィール

佐藤広一（さとう　ひろかず）

特定社会保険労務士。HRプラス社会保険労務士法人代表社員。

1968年、東京都出身。明治学院大学経済学部卒業、2000年、さとう社会保険労務士事務所（現HRプラス社会保険労務士法人）開設。人事労務パーソンにコミットした人事労務相談、コンサルティングを積極的に展開中。IPO、M&Aシーンでの労務デューデリジェンス、PMI、海外赴任者に対する賃金制度の設計、海外赴任規程の作成などを行なうほか、上場企業の社外取締役（監査等委員）および監査役を現任し、ボードメンバーの立場としても労務コンプライアンスに寄与している。「日本経済新聞」「週刊ダイヤモンド」「週刊エコノミスト」など新聞・雑誌への寄稿・取材が多数あり、SMBCコンサルティング、日本能率協会、労務行政などで講演を行なっている。

主な著書に、『管理職になるとき これだけは知っておきたい労務管理』『東南アジア進出企業のための海外赴任・海外出張の労務と税務 早わかりガイド』（以上、アニモ出版）、『最新版 図解でハッキリわかる労働時間、休日・休暇の実務』『「働き方改革関連法」企業対応と運用の実務がわかる本』（以上、日本実業出版社）、『泣きたくないなら労働法』（光文社）など多数ある。

＜HRプラス社会保険労務士法人＞

ＵＲＬ：https://ssl.officesato.jp/

松村麻里（まつむら　まり）

行政書士松村法務事務所代表。法務省出入国在留管理局申請取次行政書士。

国際法務事務所のアシスタントとして勤務後、2009年4月、行政書士松村法務事務所開業。外国人のビザ申請を専門とし、入国から永住・帰化申請までを見すえたスキーム構築と実行を行なう。士業という枠にとらわれない仕事を心がけており、早期永住取得を希望する外国人経営者に対し、税理士と共同で各種税金シミュレーションやコンサルティング業務を提供するなど、高度専門職での早期永住取得や日本でのビジネスを支援する。外資系企業の日本法人設立から従業員のビザ申請、クライアントのライフステージに合わせた移住、結婚、子供の手続きまでを総合的にサポートしている。

＜行政書士松村法務事務所＞

ＵＲＬ：https://support-visa.net/

外国人を雇うとき
これだけは知っておきたい実務と労務管理

2021年11月15日　初版発行

著　者　佐藤広一・松村麻里

発行者　吉溪慎太郎

発行所　株式会社アニモ出版
　　　　〒162-0832 東京都新宿区岩戸町12 レベッカビル
　　　　TEL 03(5206)8505　FAX 03(6265)0130
　　　　http://www.animo-pub.co.jp/